일출보다 큰 사랑

일출보다 큰 사랑

조정애 시집

1판 1쇄 발행 | 2022. 10. 25

발행처 | **Human & Books**
발행인 | 하응백
출판등록 | 2002년 6월 5일 제2002-113호
서울특별시 종로구 삼일대로 457 1409호(경운동, 수운회관)
기획 홍보부 | 02-6327-3535, 편집부 | 02-6327-3537, 팩시밀리 | 02-6327-5353
이메일 | hbooks@empas.com

ISBN 978-89-6078-116-0 03810

일출보다 큰 사랑

조정애 시집

시인의 말

내 슬픔은 바다에서 시작되었다.
그 바다를 떠나온 지 서른 해가 넘었다.

"제5 육군병원" 옆 일본식 이층집 다다미방에서
낮엔 영도다리가 오르내리는 것을 보았고
밤엔 영문원서를 읽으면서 열정으로 빛나시던
아버지의 모습을 바라보면서 나는 자랐다.

아버지께서 밤늦게 돌아오실 때
나무계단을 저벅저벅 오르는 발자국소리가
아직도 귀에 쟁쟁하다.

아버지의 사랑이 온통 나에게 쏟아졌을 때
나의 삶은 장밋빛이었다.

내가 네 살 때, 어느 날
여느 날처럼 지프차를 타고 출근하신 아버지가
여객선 초춘호 침몰 사고로
억울하게 세상을 뜨시고 말았다.

어린 날 크리스마스가 유난히 서러웠다.

빨강, 초록, 노랑 불빛 속에서
간호 장교들의 하얀 가운 사이로
크리스마스 캐럴이 흐르고
우리 집 넓은 창으로 가득히
별빛만 무수히 쏟아져 들어왔다.
새벽에 구슬픈 기상나팔 소리가 들렸다.

어린 날 눈물로 얼룩지고
젊은 날 그리움으로 출렁였던
바다는 늘 내게로 다가와 속삭였다.
"내 아버지의 억울한 죽음과
밝혀내지 못한 초춘호의 진실이
아직도 바다에 잠겨 있다고"

미궁 속으로 사라져 간 날들을 위해
이제 나의 詩 속에 집을 짓고
어린 날의 꿈과 소녀의 기도를 불러 모았다.

나의 시집 『일출보다 큰 사랑』 속에
나를 지켜주시는 하나님의 은총이 눈부시게 떠오를 것이다.

2022년 시월에

차례

1부 초춘호

초춘호 여객선 침몰사건   13
나무계단 1   16
나무계단 2 – 일출보다 큰 사랑   18
나무계단 4   19
나무계단 5   20
나무계단 6 – 달개비꽃   21
나무계단 7   22
나무계단 8   23
나무계단 9 – 한가위 보름달   24
영도다리   26
내 집으로 가는 골목   28
경부선 2   30
경부선 3   31
경부선 4 – 서울역에서   32

2부 초록색 지구별

사월 일기, 2022   35
축제는 끝나고   36

자하문 밖 추억　38

거북골에서 기린麒麟꿈을　39

시와 풀잎으로　42

초록색 지구별　44

아름다운 철학　47

우리들의 깃발　48

해가 뜨고 해가 지고　50

아니다　54

희망아　56

인사동 시의 거리에서　57

율동호수의 추억　58

3부　꽃다이 아름다운 진실아

우체국 앞　63

장미와 젊음에게　64

당신이 그러하듯이　66

당신의 집　68

까치 소리　69

꽃다이 아름다운 진실아　70

사랑, 아카시아로 오는　71

사랑아　72

외줄타기　73

파업　74

도자기 75
엄마 생각 76
오월의 성자 78
진이의 집 79

4부 새들의 고향

시인의 봄 83
겨울이사 84
상추를 먹으며 86
새벽별 시계 88
호박꽃길 90
꽃구경 날에 91
숲이 수군댄다 94
유월, 서편에 서다 96
감자가 詩를 키우고 97
농부의 바람 98
새들의 고향 100
세검정 삼거리에서 102
팔월 104
패랭이꽃 마을 105

5부 문경새재

영양의 그리움들   109

저녁은 다시 찾아오고   110

문경새재鸟岭   112

섬진강   114

생명의 서書   116

포도주   117

동방의 나라로 다시 오너라 – 세월호에 숨진 꽃들에게   118

김수남 명예시인   121

거대한 섬   122

삼성동   124

부부미용실   125

오 거룩한 나라 – 삼일절에   126

그리운 아버지   128

샬롬, 지구   130

발문 신비한 의존감정을 통한 시적 성취 – 나의 아내 조정애 시인의 시에 부쳐   132
    / 오태규(소설가)

해설 생명 에너지의 확대를 통한 시적 해탈   155
    / 이덕화(평택대 명예교수, 평론가)

1부
초춘호

초춘호 여객선 침몰사건

동남풍을 불러내랴
하나님을 모셔오랴
정부가 마땅히 해야 할 인도적 책임은
잘못된 과거를 바로잡는 것
아아, 이제 선진국에 들어선
대한민국이여

초춘호 침몰사고는 1950년 12월 16일 아침 8시 45분
부산 여수를 오가는 여객선, 초춘호가
무리한 정원과 화물초과로 선체가 기울자
송도 앞바다에서 급히 회항을 하려다가
창졸간에 일어난 대참사였다
그리고 네 살배기 나는 아버지를 잃었다

초춘호를 출항시킨 부산 수상경찰서도
해양사고를 총괄하는 해양경찰청도
그런 일 없다고, 우리는 모르는 일이라고 잡아뗐다
모든 역사의 기록에서 빼버렸다

백구 이상의 시체를 안치하고
아버지가 몸에 지녔던 돈을 무기창고에 보관했던

부산수상경찰서는 무엇이 두려워서
초춘호 여객선 침몰사건의 진상을
송두리째 숨기고 있는가

초춘호 사고를 일으킨 대동상선은
교통부 장관의 아들이 부사장을 지냈고
2년 뒤 창경호 여객선 침몰사건을 일으킨 선박회사임이
2006년 진실 화해를 위한 과거사 진상조사에서 드러났다.
부산일보 동아일보 국제신문에
초춘호 여객선 침몰사고 상황이 모두 기록돼 있다

오랜 세월, 아직도 누구의 눈치를 보고 있는가
대한민국이여 말해다오
이승만 정권의 과거사 은폐로
아직도 수많은 진실이 세상에 밝혀지지 못하고 있다
우리의 삶을 피눈물로 얼룩지게 한 그 억울함과 분노는
오늘도 성난 바다가 되어 출렁이고 있다

게이요대학 영문과를 나와
미군정 때 미 6사단 사령부 통역책임자를 지내셨고
수많은 귀환동포들에게 적산집을 구해주고

6·25 때는 피난민을 위해 분골쇄신
애쓰시던 나의 아버지여,
아직도 눈을 뜨고 계십니까.

이제 선진국 반열에 오른
조국을 향해 외치노니
네 살 때 잃어버린
내 아버지의 억울한 죽음을 덮어버린
사고원인을 다시 조사하고
하루속히 진상을 규명하여
역사에서 지워버린 초춘호 참사의 진상을 밝혀
억울하게 돌아가신 영령들과
그 가족과 자손들이 늦게라도 위로받게 하소서.

나무계단 1

먼 옛날
나무계단에
발자국 소리 남기고
문득 떠나 버린 당신

그리움을 밟고
한걸음 내려서면
설움이 북받쳐 목이 메고
방울방울 눈물이
마지막 계단 아래로 떨어졌다

무엇이 운명을 넘어뜨려
계단 아래로만 가게 했을까

얼룩지고
검게 튼 손에
별 꿈 쥐어준 당신

먼 세월
그리움이 옹이로 박히고
나무계단의 발자국 소리

아직도 들려오는 밤

어디선가
귀뚜라미가 울고 있다.

나무계단 2
– 일출보다 큰 사랑

그때 내 이름 불렀을까
등불이 꺼져가던
얼어붙은 바다에서

난파선 물살 속으로 빨려 들어갈 때
네 살배기 내 이름을 불렀을까

마지막 그 바다에
다시 뜰 그 바다에 남겼을
일출보다 큰 사랑

조난당한 내 꿈은
아버지의 바다에서 다시 살아나
수천수만의 몸짓으로
오늘도
내 이름 부르고 있다.

나무계단 4

영문 원서더미 속에
코를 박고
아버지는 늘
책을 읽고 있었다

어디를 펼쳐 놓아도
책갈피에서
다보록이
향기가 피어올랐다

묵향이었을까
숲속에 퍼지는
낙엽 타는 냄새였을까
나무계단 그늘 속에서
나는 늘 궁금했다

유년의 길섶에
그 냄새 한 겹이 젖어 있어
한 그루 끌밋한 나무로
이렇듯
나는 자랄 수 있었다.

나무계단 5

갈매기가
어릴 때의 집을 건져와
바위 위에 늘어놓으면
자판에 놓인 독한 술잔에서 나는
소금이 된 아버지의 냄새를 맡았다

밤바다가 회초리를 휘두르고
흔들리는 어부의 집에서
밤새 내가 고해성사를 하면
몽상夢想 같은 절해絶海에서
사랑이 일출로 떠올랐다.

가라,
다시 가보라
처얼썩 내리쳐 밀어내는 소리.

나무계단 6
  – 달개비꽃

그리우면 남으로 가리

사립문 밖
아기고무신 코끝에 핀
슬픔도 알기 전에 눈물 맺힌 길

나비 날던 길에
비 뿌리는
남빛 아장아장
달개비 꽃,

고향 물들이고 손짓하는 날
천지에 그리우면
남으로 가리.

나무계단 7

그대 눈은
밀려가고 밀려오는 하얀 파도
물결 위의 돛단배
뒤척이는 밤바다

그대 눈은
뭉게구름 흐르는 먼 항구
눈물 고인 자리에
풀어놓은 해조음

포구에 닻을 내리고
목쉰 갈매기 떼 어우러진 목로에서
한잔 술에 타오르는

그대의 눈은
만선의 노을.

나무계단 8

일용할 양식 속에
반짝이는 구미로 녹아드는
소금은 바다의 무엇인가

바다보다 넓은
바다를 유영하면서
스스로 증발한
그리움의 결정체여

외딴 오두막
저녁 창에 숨어 있던 여인이
흠뻑 노을에 절이고 나면
소금은 마침내
꿈을 꾸기 시작한다.

나무계단 9
 – 한가위 보름달

빈혈을 일으키는
가을 풀숲으로
외할머니가 가르쳐준
어린 날의 달을 만나러 간다

풀벌레 소리도 잦아들 때
나무계단을 오르고
보름달이 내려서기 좋은
언덕에 올라
나뭇가지 사이로 낮게 걸린
크고 잘 익은 달을 딴다

꿈꾸는 달
행복한 달
적막한 달
처량한 달
고통의 달
잔인한 달
그리운 달

내가 늘 기다리고 꿈꾸던
지난날의 그 달을 기억하면서
한세월 따고 또 딴다
팔월 한가위 밤은 깊어 가는데
아이처럼 눈시울 적시는데

돌아오는 집 앞까지
어둠을 밝히고
나를 바라보고
나를 따라오며
그동안 미안하다고
아직도 사랑한다고
말하는
저 달.

영도다리

영도다리가 하루에 두 번씩 다리를 치켜들면
돛을 단 배보다는 얼굴이 누렇게 뜬 피난민들로
다리목은 사태가 났다
다리 난간에서 내쉬는 뿌연 한숨들이
물위로 내려앉아 흐느끼고
닥지닥지 붙어 있는 점占집들은
그 한숨을 들이마시며
갈 데 없는 피난민들의 방패막이가 되어 주었다
약초 냄새 낭자한 다리 초입에는
어깨가 축 늘어진 백의白衣의 핫바지들이
개미떼처럼 줄지어 다리 밑을 들락거리고
그때마다 눈물 머금은 얄쌍한 초생달이
눈을 살갑게 뜨고 지친 그들을 어루만져 주었다

영도다리 근처에서 태어난 나는
다리를 건널 때마다
아비를 앗아간 물귀신이 난간 위로 불쑥 얼굴을 내밀까 봐
바닷바람에 사정없이 펄럭이는 엄마의 치맛자락을 붙들고
자지러지게 울곤 했다
나는 그물 깁는 사람들 속에 섞여
생선 비린내를 맡으며 자랐고

그 유명한 처녀 장님 봉선화 점쟁이가
내가 시집갈 수밖에 도리가 없다고 말할 때까지
홍합처럼 엉겨 붙은 점집에서 사람들이
정월 보름날 바다에 촛불을 가득 띄워 놓고
두 손을 비비는 일 따위를 구경하면서 살았다

비록 내가 삼십 후에는
비린내도 맡기 싫어하는 서울내기가 되었지만
밤새워 안택安宅을 비는 점쟁이들과 그 시끄러운 징소리들이
그래도 이 항도를 이만큼이라도 지켜냈다는 사실을
나만큼 알고 있는 사람도 드물 것이다
무엇보다도 그 기억들이 내겐 목숨만큼 소중하다는 것을
하늘은 알고 있을 것이다

내 집으로 가는 골목

해방된 그 해
용두산 아래로 바다를 끼고 돌면
카키색 군복에 소총을 맨 미국병정이
제5 육군병원 앞에서
밤낮 파수를 보고있었다

그 병원으로 들어가는 골목 안에서
나는 자랐다.
앰뷸런스 소리에
피 냄새와 아우성을 싣고 남하한 6·25가
시장통으로 피난민들을 몰아넣고 들볶을 때
시뻘건 열기로 들뜬 골목에는
늘 진정제 같은 보초병이 있었다.

그 어지러운 골목 안에서
가지가지 나팔소리를 들으며
내 어린 꿈은 건빵봉지처럼 자생自生했는데
때론 상처받은 꿈들이
비틀거리며 깡통 차기를 할 때
구름이 흐르는 아스팔트 그 푸른 초소에는
언제나 파랑새 같은 보초병이 있었다

해방 77년, 분단 77년
107층 롯데건물이 들어선다는 그곳은
이젠 시청市厅도 시경市警도 모두 떠나버린
반세기를 헐어버린 빈자리
때 낀 세월이 눈물로 공존했던
내 집으로 가는 그 골목에는
오늘도 제복 입은 보초병이 서있다.

경부선 2

나는 무남독녀 외딸
아버지 앞에 술을 올리고
끼룩거리는 갈매기
아버지의 위패 앞에는
주름진 노모가 가져온
민어 조기 명태 돔 소라 굴 홍합 조개
낙지 오징어들이
다시 살아나 헤엄치고 있었고
나는 아버지의 바다에서 실컷 놀았다
피어나는 향불 연기 속에서
오랜만에 아버지를 얼싸안았다.

경부선 3

부산 노포역 고속버스터미널
눈부신 겨울아침
일요 등산복 사이를 빠져 나와
나는 상쾌하게 돌아가는 중이다
부산을 버리고
바다를 버리고도
나는 차마 운명의 끈을 놓지 못한다
어깨 너머로 사라진 바다에
내 유년의 유리창처럼
빛나는 눈물이 있다
아버지의 제사상 앞에서
서러움 다 쏟고도
아직 남아
내가 다시 짙푸른 하늘을 이끌고
서울로 가는 중이다.

경부선 4
- 서울역에서

하늘빛을 보면 안다
내가 얼마나 멀리 왔는지
청새치 뼈만 남은 고향의 푸른 하늘을
놓치지 않고 떠메 왔음을

하늘빛을 보면 안다
내가 무엇을 위하여 사는지
등불을 켠 나의 생각들이 벌떡 일어나
컴퓨터의 자판기를 밤새 두드릴 것임을

하늘빛을 보면 안다
숲속에 숨어 있는 마을을 빠져나오면
먼지에 쌓인 눈이 질퍼덕거리기 전에
쏟아지는 눈이 잠시 하얀 꿈이 되는 것을

하늘빛을 보면 안다
부산은 저 멀리 남쪽 끝에 있고
나는 서울 사람이 되어
눈처럼 살며시 스며들게 될 것을

2부
초록색 지구별

사월 일기, 2022

확진자 수십만
스텔스 오미크론에
후두염을 앓는 봄날
개나리 목련도
벚꽃도 후각을 잃었나보다
2년이 넘는 바이러스 전쟁에
내 지친 몸에도 경보음이 울렸다
오늘을 박차고 나와
코로나 등쌀에 미뤄온
어금니를 뽑고, 솜뭉치를 물고
집으로 돌아오는데
무릎깁스를 한 막내 소식에
봄은 저만치 줄행랑을 쳤다
땅에 흩어진 꽃잎이
가지런히 눈인사를 한다
이별을 미소 짓는 사월아
고난 주간이 지나고
우리들의 부활의 봄은
어디쯤 오고 있는 것인가

축제는 끝나고

하늘 길 열려 구천을 보았다
얇은 꽃잎의 볼을 어루만지던 나에게
머리에 화관을 얹어준 내 님아
하늘시계를 누가 보았나
이제는 가야할 시간이라고
풀죽은 벚꽃나무들이
눈물을 글썽이고 있다
바람은 회오리로 다가와
꽃등을 두드리고
벚나무 꽃잎마다 이승에 남긴
정을 거두는 아련한 손길아
꽃 이파리가 눈물을 거두고
꽃눈이 천지에 날린다
시집 가는 누이의 머리 위로
꽃잎이 마구 날리던 날
풍악소리는 저 멀리 남아있는데
하얀 이별을 밟고 걷는 연인은
손을 놓지 못하는구나
잠시 구름으로 왔다가
말없이 떠나는 천국의 사랑은
너의 머리 위를 돌고

내 가슴을 휘돌아
그대, 하늘로 돌아가고 있다.

자하문 밖 추억

북한산자락으로 병풍 두른
상명대 운동장 너머에
그리운 집이 살아 있네
세 아이를 키워낸 큰딸 집도
세상 떠난 목사 사돈부부도
살아서 나를 반기네
앵두꽃 피는 산골마을
단풍 우거진 고은빌라로
오르내린 언덕길이 반갑구나.

북악산 소나무와 어깨 겯고
내 삶을 지켜주던 인왕산
푸른 하늘이 가까워
유난히 평화롭던 지붕마다
색 바랜 추억이 쌓이고
눈이 펑펑 쏟아지고
봄꽃이 어우러지고
산골마을에 사계四季는 깊은데
오늘, 누가 다시 돌아오는가
한 송이 구름 되어 떠나가네.

거북골에서 기린麒麟꿈을

겨울 창 햇살에 몸을 밀어 넣고
두 해 동안 팬데믹으로 창백해진 마음을 말린다
내 몸과 내 가족만을 걱정하는 우리가
어느새 미안하고 부끄러운 죄책감이 밀려온다
우리가 겪은 6·25 전쟁은 얼마나 참혹했는가.
헐벗고 굶주린 이 땅의 난민을 위해
지구 반대편에서 국경을 넘어 달려와
먹고 입히며 이 땅에 학교를 짓고 기술을 가르친
그 위대한 선교사들을 잊을 수가 없다

근 30년간 서울 인천 논산 춘천 등에 20개의 농인교회를 세우고
30여명의 농인 목회자를 배출시킨 호주 출신 고 네빌뮤어 목사는
어릴 적 폐허로 변한 한국의 이야기를 듣고
이 땅으로 달려와 153 글로벌 비전의 아버지가 되었다.
한국과 일본을 비롯해 세계 국제농아선교회 총재이신
그분의 정신이 아프리카 농인을 돕는 정신으로 이어지고 있다.

키슈무 농인들의 자급자족을 위해
염소 보내기 운동이 엊그제 같은데
농장을 일구는 경운기 소리가 들려온다.
교파를 초월한 농인목회자들이 모여

케냐 우간다 키슈뮤 교회 안에
아프리카 54개국 농인 선교를 위한
153 성서대학의 꿈을 실현하는 일도
하늘의 소망을 일궈내는 그 위대한 계획도
한 발자국 나아갈 때마다 불거지는
그 숱한 정치적 경제적 문제도
앞으로 하나같이 극복해 나갈 것이다.

이 순간에도 더러운 물을 마시고
하루에 2,000명 이상이 죽어가는
지구의 반대편 열악한 아프리카가 눈에 어른거린다.
오염된 환경과 코로나19도 모자라
콩고에서 일어난 화산폭발로
최악의 환경에 처한 아프리카는
백신접종은 꿈도 못 꾸는
빈부차이가 너무 심각한 죽음의 땅이다.

아프리카를 후원하는
수많은 단체와 기구에서조차 외면해온
사각지대의 청각장애 농인들이
일을 하고 싶어도 할 수 없었고
기술을 배우고 싶어도 가르치는 곳이 없었다.

그 황무지에 한국 153 글로벌 비전이 빛을 찾았다.
콩고 고마의 153 앤드류 농인학교에
아프리카 농인들을 위해 힘을 쏟았다
노후화되고 열악한 학교를 위해
개발지원 사업을 하고 있다.

153 글로벌 비전의 꿈을 이끄는
농아인 이재욱 대표는
오래 전부터 품어온 꿈을 이루기 위해
아프리카의 여러 나라로 달려갔다
작은 불꽃 하나가 들불을 일으키듯
주님이 길을 내어주시고
한국농인의 도움을 받아
어렵고 고통스런 아프리카 농인들이
새 희망으로 힘차게 일어서는 날이 밝아오고 있다

오미크론이 전 세계로 마구 퍼져나가는 마당에
먹는 치료제로 감기의 2배 수준으로 사망률이 감소되는 것은
참으로 기쁜 소식이 아닐 수 없다.
국경 없는 지구촌에서 아프리카 농인들을 위해
쉼 없는 기도와 후원의 손길이 153 글로벌비전에 모아질 때
우리는 하나님의 기적을 보게 될 것이다.

시와 풀잎으로

시 한 편이
세상의 가슴을 울리지 못해도
풀잎 하나가
세상의 눈빛과 마주하지 못해도
있는 듯 없는 듯한 존재
시 하나와 풀잎 하나가
허허로운 세상에서 마주보고 있네

하늘이 있어
하늘 아래 땅과 바다가 있어
생명을 타고난 79억이 넘은 인류가
당신의 노여움을 사기 전에는
세상의 모퉁이에서
언제나 태초의 바람이 불어와
지친 시와 풀잎을 깨워주었네

하늘은 맑고
황금빛 태양이 내리쬐는 날에도
마스크를 써야하는
코로나19 역병疫病으로
세상엔 4억이 넘은 감염자와

600만여 명의 사망자가 생겼는데
계절은 돌아오고 있네

시와 풀잎으로
아픔을 담아내지 못하고
눈빛과 마주하지 못해도
부푼 꿈 설레는 가슴을 안고
세상의 어두운 귀퉁이에서
창조주가 부르는 부활의 노래를
하염없이 귀 기울이고 있네

초록색 지구별

천지창조 여섯째 날에
하나님이 보시기에 심히 좋았더라.
창세기에 이 지구는
인간과 동물과 자연이 완전히 공존했다.
맑은 공기와 물과
먹을거리가 넘치고 넘치는
아름다운 생명과 자연의 환경이었다.
어언간 21세기
인간의 끝없는 욕망은
자연환경을 파괴했고
자본주의의 폭주와
산업의 과잉발전으로
지구자원을 낭비 고갈하여
급기야 기상이변을 불러오고
생태계를 파괴하기에 이르렀다.

온실가스 배출 증가에 따른 기후 변화로
박쥐가 서식하기 좋은 식생으로 바뀌면서
중국 남부와 라오스 미얀마 지역이
코로나19의 발원지가 되었을 가능성이 크다고 밝혀졌다.

팬데믹 시대
언뜻 코로나사태 이전으로
돌아갈 수 없는 세상이 되었다
사람과 사람 사이에 거리를 두고
가족을 멀리하고
코로나 습격을 받을까봐
하루같이 바이러스를 피해
두근거리는 가슴을 붙안고
집안에 갇히고 말았다.

우리가 버린 오폐수가
일회용 컵과 나무젓가락이
비닐과 플라스틱이
알루미늄 캔과 스티로폼이
배출되는 그 수많은 쓰레기가
대기, 수질, 해양 방사능 노출로
환경을 심각하게 오염시켰다.

온실가스가 계속 늘고
오존층이 파괴되고
해수면이 높아지고

남극의 빙산이 사라질 위기에 처했다
인간은 아랑곳없이 계속 환경을 파괴하고 있다.

나라마다 사람마다 손을 잡고
너와 내가 존속 가능한 지구를 만들기 위해
우리는 지금 무엇을 해야 하는가
바이러스의 불안과 공포를 물리치기 위해
정신과 육체의 면역력을 키우기 위해
아무렴, 더 이상의 생태계 파괴를 막고
건강한 먹을거리를 재배하는 토양을 보존하고
자연환경을 지키는 삶으로 나아가야 한다.

이 절체절명의 위기에
노약자와 장애인을 내 몸같이 보살피고
서로 나누고 도와주는 우리의 사랑이 있는 한
이 땅을 하나님이 보시기에 좋았던,
맑은 공기와 물이 흐르고 찬란한 태양이 비치는
아름다운 지구로 다시 바꿀 수 있을 것이다.
자손들에게 물려줄
인간과 자연이 공존하는
초록색 지구별, 영원한 낙원을 이룩하고야 말 것이다.

아름다운 철학

겸허하고 은은하게
작은 비석 하나 서 있으리
가난하고 병들고 연약한 자들의 어머니여
솟는 태양이여 희망의 빛이여
행동하고 저항하고 짓밟히고 으깨어지며
우리들의 양심을 세우는 풀이여
아름다운 철학이여
세상에서 누린 자여 성취한 자여
당신의 변용이 후일의 역사의식까지도
이토록 슬프게 할 것인가
뙤약볕에 서서 기다리는 풀꽃이여 민주주의여
국립묘지 대통령들 묘소 아래서
인생은 아름답고 역사는 발전하는가
휴전선을 걸어서 넘던 역사의 그날도
죽음으로 던져진 피울음도 사라지고
이 땅의 갈대들은 무수히 흔들리는데
저 멀리 어딘가에
겸허하고 은은한 풀꽃의 나라에서
작은 비석 하나 서 있으리.

우리들의 깃발

물속에 깃발이 보인다
깊은 산, 골짜기를 내려와
천야만야 푸른 사슬을 만들고
투명한 허공에서 춤추며
냇물은 깃발을 흔들고 있다

바위를 때리며
뛰어내린 폭포 아래서
깃발은 다리가 굵어진다
이념의 깃대를 세우고
믿음과 꿈의 새들을 풀어놓는다

깃발은 우리의 옷자락이 아니다
하늘이 내려준 가슴에서 싹튼 곧은 갈기다
펄럭이는 큰 물줄기가 모이고
깃발은 방향을 바로 잡는다

어디쯤일까
깃발은 검은 4대강 탁류에 곤두박질하고
파헤친 강바닥의 사나운 물살에 휩쓸려
흔들리고 찢어지고 혼절하며 가라앉는다

소리 없이 맴돌다 죽어가는 강나루

아, 깃발이 다시 도도히 솟아오른다
마침내 큰 산이 큰 강물을 만나고
서로 껴안고 굼실굼실 바다로 흘러간다
믿음과 신념의 행진이 어깨를 겯고
다시 출렁이는 깃발이 된다

아시아의 동녘에서
태평양 큰물의 기슭으로 나아가는
우리들의 희망이
찬란하고 거룩한 태초의 바다에서
비로소 힘차고 푸른 깃발이 된다.

해가 뜨고 해가 지고

개나리 진달래 벚꽃 또 무수한 꽃들이 피고
해가 뜨고 해가 지는 동안
문명이 이 나라를 뒤덮었다.
전화에다 핸드폰도 컴퓨터도.
매달 그 사용요금청구서도 만만찮다.
부부가 늘 붙어 다니면서
소식통을 열어놓아야 안심이 되는 시대
전화가 없던 시절에 러브레터를 주고받았다
백색전화를 자랑삼던 시절
텔레비전 있는 집으로 사람들이 몰렸다
삐삐소리에 전화통으로 달려가던 사람들
자가용에 운전기사에 무거운 카폰이 있는 사장들이
거리를 내달리던 시절도 갔다.
작은 핸드폰에서 다시 지금은 수많은 앱을 열어
세상을 편리하고 유익하게 활용하며 살아간다
사진도 동영상도 팩스에다 컴퓨터 블로그까지
페북이나 유튜브로 세상을 넘나든다.

해는 여전히 뜨고 해는 진다
어느 나라는 아직도 전쟁 중이고
화학무기사용으로 사람들이 수없이 죽어간다

핵과 미사일의 위협 앞에 강대국이 협상을 벌리고
초고층 아파트와 빌딩이 솟고
새로운 바이러스로 가축들이 몰살하고
사람들은 성인병과 암에 시달리며
정신질환과 치매환자가 늘어나고
노숙자들이 거리의 긴 급식행렬을 기다리고
지하철은 노인들이 반을 넘었다
세계 자살률 1위인 나라에
지금 무엇이 문제인가
이제 그리워 할 사람이 남아있는가
부모형제에게 소식 자주 전하는가
안부를 묻고 반기는 이웃은 있는가
핸드폰 끝에서 무엇이 사라지고 있는가
핸드폰이 이 메일이 전화가 있으므로
그 많은 통로가 있음으로 위로 받고 안심하면서
현대인들은 서로 인내하고 용서하며 길들여간다
점점 무디어간다 무관심해진다 무례해간다
점점 멀어져간다

해가 뜨고 해가 지고
세상이 불안하고 밤은 깊이 잠들지 못한다.

자가용으로 학교로 학원으로 자식을 실어 나르는 부모들
아이들이 컴퓨터에 매달린다고 아우성이다.
인공지능시대가 바로 도래하고 많은 직업이 사라진다
편리함과 부유함을 위해서 가치와 정신을 버렸다
시대는 크게 출렁이며 바뀌었다.
숨바꼭질을 위해 열린 이웃대문으로 들어가 숨던
평화롭고 행복한 아이들은 놀이터에 없다.

자연은 언제나 돌아오는데
우리의 꿈은 왜 돌아오지 못하는 것일까
문화가 경제를 끌어가지 못하고
예술이 나라의 얼과 혼을 지키지 못한다
전직 대통령들이 감옥에 들어가고
교육은 갈 길을 잃었다
왜 우리의 평화통일은 70년을 지나고 있는가
무엇이 원인인가
세계는 우리의 손바닥 안에 열려 있고
쌓아올린 그대의 지식은 이미 정보 속에 들어와 있다

광장에 아무도 찾지 않는 공중전화박스처럼
통로는 있으나 마음이 닫힌 불안과 혼돈의 시대에

4차 산업은 도래했다
환경오염 기후변화 초미세먼지 쓰레기대란 전염병으로
장애인과 노약자가 힘들고
인구절벽으로 미래는 어둡고
빈부격차는 더 심해져가고
청년들의 구직이 힘들고
외로운 벤치에 앉은 노인들의 처진 등 뒤로
오늘도 해가 뜨고 해가 지고 있다.

아니다

비는 안개를 거두지 못하는가
그대 이름 지리산에 올려놓고
나는 간 곳이 없다
누가 나를 희롱하는가
잠시 가슴 열더니
마을은 하늘에 있고 하늘은 마을에 있다

안개 내려놓고 돌아앉는 산
모른다 모른다 그대
아니다 아니다 청산이여
피맺힌 먹구름 모아놓고 울음 트고 마는
피아골 물소리

지리산 중석대 위에 마음 얹어놓고 보니
내 기원도 안개 되어 유연히 퍼져간다
한 치 앞을 모른다 모른다
내 발꿈치 물고 마는 어둠
오싹 소름 돋아 달아날 수 없는 계곡

아니다 아니다 지리산
모른다 모른다 사랑이여

내 발자국마저 삼켜버린 거대한 밤
계곡물 소리에 칭칭 감기어
나는 사라지고 물소리만 남는다.

희망아

목련과 벚꽃이 질 때
봄은 연두 분홍 노랑 물감이다
바이러스와 전쟁 공포 속에서도
개나리와 철쭉이 산허리에서
제 이름표를 달고 있다
산은 복분자와 산딸기를 키우며
가난한 사람들을 돌보고 있다
초목마다 새 잎이 돋아나고
연두빛 아장아장 걸음마한 날
봄볕 속에 구룡산에 와서
'희망아' 하고 소리쳐 불러본다
'희망아' 목청 돋워 거푸 부르면
어느새 나도 날개를 달고
살아있는 구룡산의 봄빛이 된다.

인사동 시의 거리에서

우리네 가슴을 열면
왕관을 쓴 아침처럼
늘 희망이 솟았다
너털웃음 건네는 삼각산이
조선의 달과 어깨를 걸고 노닐고
넘치는 시심에
우정을 노래하는 밤이 오면
어느 주막은
뿌리처럼 지치질 않고 분주하다
예술이 살아남아서 꽃을 피운다
사라져가는 이 땅의 그 무엇에
새벽이 오고 또 밤이 오고
아코디언이 바이올린이 기타가
함께 찾아드는 인사동에
미아들은 낙원에서 춤춘다.

율동호수*의 추억

비오는 날이면
빗방울 맺힌 차창이 좋아
물안개 피는 숲이 좋아
도시락 챙겨 숨 가쁘게 달려가던
넓은 무료 주차장 숲에는
여름날이 꿈결 같이 퍼져나갔다

큰 물소리 나는 냇물을 따라
숲 향기가 온 몸을 맑게 씻어 내었다
불어난 시냇물 속 바위에
물총새 한 마리 정지하자
스케치를 하던 내 손도 멈추었다

숨죽이며 바라보는 밤나무도
팽팽히 긴장하는 순간
물총새의 긴 부리에
은빛 물고기비늘이 번득였다.

바람은 아무 일 없다는 듯이
나무 잎을 쉬이 흔들다 가고
아무 일 없었다는 듯이

굴참나무 위에 큰새들이 졸고 있었다

물총새가 빠른 물살 속에서
작은 은빛 물고기를 다시 노려보는 동안
벤치에 앉아 바라보는 먼 요한성당에서
주름진 물결이 계속 밀려왔다

우리가 이름 지은 호숫가
믿음 소망 사랑 은혜의 다리를
두 번 돌아 두 시간이 지났다

가없이 넓은 호숫가에
수를 늘인 오리떼 가족이
실루엣을 드리우는 저물녘

첩첩 산자락 호수의 숲길에는
물결 따라 그리움이 가득 차오르고
밤나무골의 그윽한 향기는
다시 달려올 우리의 약속이 되었다.

*경기도 성남시 분당구 서현동 율동공원 소재.

3부
꽃다이 아름다운 진실아

우체국 앞

돌개바람 부는 모퉁이에
맥문동 보랏빛 꽃들이 피었다
푸른 치마 고만고만한 키에
야무진 꽃이 줄줄이 달렸다

오금역 1번 출구
우체국 앞에서
우리보다 먼저 와서
새처럼 재잘대는 꽃동무야

깊어가는 팔월 끝자리
청아한 꽃으로 다가와서
친구를 기다리는
푸른 사람아

바람이 먼 길 휘돌아오는 날
맥문동 보랏빛 꽃들이 피었다
푸른 치마 고만고만한 키에
우리들의 이야기 줄줄이 달렸다.

장미와 젊음에게

내가 살던 평창동 텃밭에
오랜만에 와보니
화분도, 청빛 물뿌리개도 나를 반기고
줄장미 아래서 새소리 따라
하얀 스커트가 바람에 날린다
한때 살았던 빌라 어느 층인가
해맑은 젊은 남녀가
수십 권의 책을 버리고 간다
'내 인생을 바꾼 한 권의 책'
'파리에서 도시락을 파는 여자'
'시골 빵집에서 자본론을 굽다'
'미움 받을 용기'
아아, 이 땅의 젊은이여
학업과 병역과 취업과
연애와 결혼과 부모부양으로
혹은 장애로 수많은 가시가
그대를 찌르는 날에도
장미보다 더 아픈 젊음이
아름다워서 눈시울을 적시는구나
보라, 뿌리에서 뽑아 올린
책표지에 장미꽃이 피었다

신록처럼 싱그러운 젊은이여
부디 꿈을 버리지 말라
가시가 돋으면 장미가 곧 피리라
그 꽃과 향기는 하늘의 것
내 영혼의 빈터에서
그대들의 밑줄 친 꿈을 주울 때
새소리 한 소절이
내 마음의 가시를 뽑는다.

당신이 그러하듯이

당신이 그러하듯이
나도 생을 다하여 순수를 심으리라

장독대에 피는 웃음꽃 그 눈빛을
흙이 있는 곳에서 찾아내리라
언제나 서두르지 않고
계절처럼 바쁘게 달려가지 않으리라

세상 높은 벽이 삶을 가릴지라도
바이러스가 발목을 잡는 오래된 길모퉁이에서
흙의 가슴을 열고 가만히 귀를 기울이리라

동에서 서로 지구의 끝으로
생명은 멈추지 않고 다시 돌아와
초록과 손잡고 하나가 된다

당신이 그러하듯이
역사의 강물이 쉼 없이 흐를 때
나도 고즈넉이 희망을 사랑하리라

큰 호흡으로 열려오는 보라빛 새벽에
그대여, 우리의 남아있는 꿈을
다시 이야기하자.

당신의 집

안개비 속으로 예배당 종소리가 사라질 때
마지막 잎새가 떨어진다
나른한 눈꺼풀 속에서
소나무가 눈을 뜬다
첫눈을 기다리는 연인들처럼
빌라들은 잿빛 하늘을 올려다보고
털을 세운 늙은 고양이가 돌담 위를 사뿐히 지난다

잎이 진 나무도 훌륭한 집이 있다
그들은 빈 물통을 거두어
나무계단을 통통 내려간다
지하수가 흐르는 기름진 땅 속
뿌리 깊은 자리에서
동면冬眠의 등불을 켠다.

얼음 깨지는 소리에 별은 더욱 빛나고
겨울산은 더욱 멀리 보이는데
당신의 詩집은 어디쯤에 있을까
풀들도 서로 부둥켜안고 발을 녹이는데
저기 솔가리 타는 굴뚝 연기가 보인다.

까치 소리

아카시아 여린 가지에 앉아
또박또박 시를 읽네

가슴 아픈 이별에
숨 죽여 한 박자 멈추고
핑그르르 눈물 보이네

삶의 행과 연 사이에
바람이 다가와
숨겨놓은 그리움을
모두 헤아리네

사랑은 멈춤이 없고
꽃은 피어나
껴안으며 등 두드리는
저 소리소리

꽃다이 아름다운 진실아

도라지꽃이 봉오리를 터뜨렸다
꽃들이 창가에 찾아와
기쁨이 설레는 유월의 아침
그러나 돌아오지 않은 진실 때문에
슬픔과 분노가 끓어오르고 있다
말보다는 글을
글보다는 법을
이젠 벼락을 쳐야 할 때
뜨거운 태양 아래
판사의 입술이 한일자로 닫혀 있다
나팔꽃은 나팔꽃으로
도라지꽃은 도라지꽃으로
꽃들은 모두 돌아오고 있는데
뿌리 깊은 욕망 때문에
돌아올 줄 모르는
꽃다이 아름다운 진실아
하늘은 분노로 들끓고 있다.

사랑, 아카시아로 오는

온종일 햇살 두르고
싱그러운 향기를 품고
아카시아 나무 내게 다가와
정중히 인사를 한다

슈만의 피아노에
어린이 정경이 흐르고
꿈을 꾸라고 다시 꿈을 꾸라고
건반을 두드리며 속삭인다

오월의 창가에
푸르름 아래로 내려와
하얀 꽃잎 따서
나의 생머리에 화관을 얹어주는데

어쩌란 말인가
나 그대에게 사로잡혀
이 봄이 다가도록
그윽이 그대 눈빛 바라볼 수밖에

사랑아

사랑아
네 아픔이 너무 커서
나는 그 아픔을 나누는 꽃이 되었다

사랑아
네 슬픔이 너무 커서
나는 네 슬픔을 위로하는 새가 되었다

사랑아
세상이 너를 버려도
모래알을 적시는 물결처럼
나는 억울한 네 영혼 속으로 스며들었다

사랑아
지난세월을 슬퍼 마라
버리고 온 자들이 다시 모여
아름다운 성을 이루었구나.

외줄타기

자연은 살아라 하는데
인간은 죽어라 한다
거미가 줄 타는 가느다란 길
밑동 잘린 아카시아도
다시 살아나
바람에 실리어 춤을 추는데
달빛을 따라
너와 나 사이
서른아홉 빗금을 그어놓고
돌고 도는 허공의 노래여
아, 그러나
이슬로 피어나는
그대 찬연한 새벽꿈이
가느다란 내 시의 길에
눈부시게 걸렸구나.

파업

오른팔이 주인을 거부한다
충직한 팔이 있다는 것을 잊고
나는 고장 난 의자처럼 흔들린다

왜 몰랐을까, 내가 우울했던 이유를
머리에 붉은 띠를 매고 온종일 외치는
그 소리를 듣고 나서야 나는 알았다

용케 견뎌 온 내 육신의 공로를
그들이 바쳐온 희생을 알지 못한 채
밤낮없이 나는 매몰차게 부리기만 했다

이제 오일근무제 요구를 들어주자
주말은 넉넉하게 쉬도록 하자

오른팔이 건강을 되찾고
왼팔과 더불어 춤추는 날
비로소 나는 그들의 종이 되련다
그들의 믿음이 되련다.

도자기

흙을 빚는다

희열에 젖은 지혜로
손과 불의 힘을 빌리고
뜨거운 영혼으로 빚는다

이윽고 흙은 보이지 않으나
흙은 살아 있고
땀과 고통은 보이지 않으나
영혼이 살아 숨쉬는
생명을 빚는다

천국에 다가서는 길은
오직 아이의 마음과 예술뿐이라던
릴케도 이런 '살아 있음'을 보았는가
마침내

엄마 생각

태풍이 불고 비바람이 쏟아지고
은행나무 가지가 흔들리고
광풍이 유리창을 내리친다
항아리 뚜껑도 깨어놓고
의자 테이블 모조리 엎어버리고
무서워 잠 못 드는 밤에
아, 나는 무엇을 잘못했을까

회초리 드신 어른들이
호통 치며 말씀하시고
되풀이 말씀하시고
숨 가쁘게 휩쓸고 간 자리
고요한 오월의 아침에
깨진 화분 흙 다 쓸어놓고
피난했던 화분도 다시 정리하고
울음 그친 아이처럼 하늘을 본다

텃밭 가는 길에
벌을 서는 아이처럼 고개 숙이며
지난해 돌아가신 우리 엄마
무궁화 열차 타고 무거운 짐 지고 들고

부산서 올라오실 때
어깨 한번 주물러 드리지 못한 불효
그만 콧등이 찡해진다

못 할 짓 많이 했다고
창문을 흔들고 모두 던져버리는
그 이유가 내게 있었다고
태풍이 준열히 꾸짖었다
고추모종 다시 심어놓고
엄마 생각에 후회막급이다.

오월의 성자

무거운 책가방을 맨 남학생이
카네이션 꽃바구니를 들고
양재대로를 걸어가고 있었다.
도시의 삭막한 거리가
갑자기 정다워지기 시작했다
카네이션은
감사의 마음을 오래오래 간직하는
꽃봉오리가 많이 달려 있었다
어머니에 대한 그리움이
가슴속으로 스며들었다
카네이션을 바라보는
도시의 낯선 사람들에게
그는 어머니의 얼굴을 그려 놓고
성자처럼 걸어가고 있었다.

진이의 집

예전에 포방터 다리를 지났지
홍제천변 벤치에 앉아서
그 건너 오래된 기와집을 바라보네
진이의 집 잡종개가 꼬리를 흔들고
부지런한 이발사는 가족을 위해 일했지

홍제천의 지독한 해금내가 사라져도
포방터 시장 길은 남아있네
하루를 길게 사는 사람들이
재래시장 다녀오는 길에
인왕산 위에 내 어머니의 달이 떴네.

4부
새들의 고향

시인의 봄

내 시야에 들어오는
모든 것은 내 것이다

네 시야에 보이지 않는 것도
내 것이다

영혼의 망막에 들어오는
아슴푸레한 아지랑이는
강물이 바다에 이르듯
내 문학으로 통한다.

내가 살아 있음으로
안개를 수채화처럼 풀어 놓고
나는 그 속에 살고 있는
도시 농부다

햇살이 있는 곳에
생명이 있고
봄이 있는 곳에 詩가 있다.

겨울이사

신도시 죽전에서
파헤쳐진 탄천의 물줄기 한없이 따라가다가
이 세상 어딘가에 아직도 흐르고 있을
맑은 강물을 찾다가 돌아오던 나날은
내뱉은 한숨과 절망이
아파트 숲을 휘감고 어둠으로 내릴 때

오, 서울의 심장부 종로의 자하문 밖으로
어서 오시라 손짓 있었지
손꼽아 기다리는 큰딸의 마음 있었지

살아있는 책들과
버릴 수 없는 질긴 기도가
분당 고속도로로 빠져나와
경복궁을 지나고 자하문 터널을 뚫고
열려오는 빛과 악수를 나눌 때

북악산 인왕산 북한산의 바람과
깊은 고요에서 풍겨오는 옛 그림자가
동구 밖 느티나무처럼 웃으며 나를 품어주었네

산자락에 뿌리내린 선한 사람들 곁에서
이제는 산 향기 배인 마을을 떠나지 않으리라
오래된 골목 높은 비탈 오르며
내 시를 걷게 하리라

열 두자 장농을 버리고
세검정을 흐르는 맑은 물소리와 바꾼
용인의 겨울 꿈들이 다시
내 몸을 흐르며 새순을 틔우리라.

상추를 먹으며

상추 두엇잎 펼쳐놓고
소담한 꿈을 담아 포개거들랑
오랜만에 입을 크게 벌려라
된장 고추장 마늘 고추 더불어
행복의 맛을 보느니

날마다 물을 주고 보살핀
소박한 흙의 나라에서
금빛 햇살과 흰 구름의 본향 이야기가
바람을 따라와 솔솔 스미고

하늘의 무심한 맛이라고
채소의 밋밋한 맛이라고
눈물같이 맑은 우리네 한숨이
그래도 마주보고 웃을 수 있도록

상추 몇 잎 넉넉히 포개고
오래된 그리움도 넣고
우리의 맵싸한 투정도 감싸고
마주 앉은 당신의 입에 넣어주나니

하늘이시여
하늘의 왕이시여
주신 것이 많은 이 감사로
고픔 뒤에 활짝 웃는 포만을 보소서.

새벽별 시계

어머니의 자서전을 읽으면
외할아버지는 별을 보고 새벽을 재던 농부였다
지난 날 아들의 시끄러운 괘종시계
큰딸의 작은 괘종시계
막내딸의 하얀 괘종시계
모두 짝을 찾아 떠났지만 남아서 숨을 쉰다.

대통령의 시계들
산타할아버지가 준 시계
가족합창대회 때 받은 시계
스위스풍 나무집 시계
새벽 닭울음소리 시계
전화기 핸드폰 냉장고 비디오 컴퓨터에 붙은 시계

깊은 밤 나의 소우주에서
시계는 과거와 미래를 숨쉬고 있다
시계를 고장내는 전업 작가에게
내 집의 시계들은 별꿈을 꾼다
모두 나를 지키는 그윽한 별이다

지난 날 남편을 만나고
연두빛 벽시계를 고르던 날
그 때의 그 기쁨이
우리 집의 중심에서 벗어나지 않고
손잡고 돌아가고 있다

알고 보면
나도 하늘 아버지의 시계다
뜨거운 생명으로 흐르고 있다
오늘 문득 외할아버지의
가장 큰 새벽별 시계가 보고싶다.

호박꽃길

남빛 메꽃 사이로
달개비꽃 사르라니 피고
강아지풀 애기똥풀도
돌담에 기대어 맘껏 자란다

개울물이 흐르는 텃밭 아래서
어릴 적 외할머니 향기를 맡는다
이웃 남새밭 가는 길에
함박웃음처럼
천지에 호박꽃이 피었다
배고픈 아기처럼
꿀을 찾는 벌들아
"어서 오너라, 여기 넉넉한 네 식탁도 차렸다"
숲길 아래 버드나무 그늘도 좋다.

꽃구경 날에

대문 닫혀 보이지 않던
평창동 골짜기 마을사람들 다 모였다
허리 아픈 늙은이도 어린이나 젊은이도
발 디딜 틈 없이 꽃구경이구나

무대 위엔 하얀 두루마기
장사익의 구슬픈 노래 흐른다
추위와 외로움을 견뎌낸
작은 겨울나무 같은 사람들이
꽃마중 노래에 눈물 맺힌다

두드리는 북소리에 너도나도
어깨춤 따라 추는데
북한산 북악산 인왕산도 오너라
세상에 시달린 너희 새들도 오너라
사랑은 하늘나라의 것이라

꽃바람 분다 꽃자리 진다
역사 따라 옛 꽃들은 향기롭고
구기 신영 부암 홍지 평창동
한세월 고운 꿈 수놓던 손길아
둥게 둥게 둥둥 삐리리 리리

조선의 대금 가락 구슬픈 춤사위에
궁궐을 넘나들던 꽃바람아
꽃잎 훨훨 날리는 비탈진 산자락마다
개나리 목련 진달래 벚꽃이
가슴 깊도록 휘휘 너울지노라

넉넉하구나 작은 배냇저고리 은행나무야
저 연두빛 눈시린 작은 희망들아
세검정 물소리 지고피고 피고지고
이팝나무 라일락 향기 번져오는
계곡 마을 하늘이여

쉼없이 기도하던 사람들도
사물놀이패 되어 꽃놀이 하는구나
춤가락이 흐른다 꽃바람이 분다
대원군 안평대군 연산군이여
윤동주 현진건 박종화 이광수여

꽃구름 피어오르다 떠나는 산마을에
아, 다시 꽃잎 날리는 천국 길에
연분홍 꽃잎 같은 내 어머니여

그리움이여 시의 고향이여
어찌 이리도 봄꽃 마중은 늘 내게 눈물겨운가

숲이 수군댄다

내 집 창에
북악산이 성큼 다가와 있다
바로 아래로 개울물이 <u>흐르고</u>
산꼭대기는 북악스카이웨이가 있고
산 앞머리에 청화대가 있다
연일 열대야에 시달리고
때론 런던올림픽이 잠을 쫓았다
숲이 수군댄다
박재삼 서정주 조병화 시인도
죽음을 바라보며 힘들다고 했다
그리고 떠났다
큰 어른들이 자꾸 떠올랐다.

저 북악산 앞머리에
내가 좋아하는 산할아버지가 산다
세상살이에 손사래 친 소설가와 시인이 사는 집이
수상하다 하 수상쩍다
숲이 들여다보며 고개를 갸우뚱한다
연필만 있고 밥만 먹으면 되는데
시인이 어깨를 주무르며 늘어진 영혼을 깨운다
앞산의 숲이 수군대고

산 너머 구름이 얼쩡거리고
나는 무심히 평상에 누워
내 할머니 적 팔월의 매미소리나 듣는다.

유월, 서편에 서다

숲 바람이 친구처럼 손짓한다
옛길 생각하며 천천히 걸으니
비 온 뒤 세검정 물소리 사뭇 높다
성당 건너 곱게 뻗은 돌담공원
연산군의 탕춘대도 지나간다
이 마을로 온 지 십 년이 넘었건만
늘 낯선 절경의 북한산 자락

아랫마을에서 윗마을로
우체국에서 한 마장 못가서
농부의 집에 들린 길손이
새우젓 하나 사들고 돌아오는 길
뽀얀 너럭바위 시냇물 가에
다홍나리꽃에 강아지풀도 반기는데
외손들의 세검정초등학교 뒤로
검은 산등성 위에 서편노을이 곱다

감자가 詩를 키우고

"하얀꽃 피면 하얀 감자 파보나 마나 하얀 감자"
"자주꽃 피면 자주 감자 파보나 마나 자주 감자"
권태응 시인의 이 시는
일제 때 나라를 지킨 뜻이 눈시울 적시는데
오늘 작은 텃밭에서 감자를 캔다

땅속에 스며든 빌라 지층 가족처럼
엄마 아빠 자식들 올망졸망 매달렸다
하얀 속살 드러내며 바구니에 담길 때
지난 시절 내 어린 자식들도 그립구나

주님이 나를 업고 가던 시절에
졸인 것은 대고챙이에 줄줄이 꽂아 주고
큰 하지 감자는 삶으면 풍성한 나눔이 되던
그런 여름날이 내게도 있었던가

감자밭 같은 우리네 삶에
지렁이도 어린 감자를 보호했구나
자연아, 세상 모든 착한 것아
너희가 감자를 키웠구나
감자가 詩를 키웠구나

농부의 바람

매미가 대장간 작업을 시작할 때
이곳저곳에서 집 짓는 소리도 크게 들리고
그 소음 아래로 누가 뭐래도
끊임없이 가고 있는 물소리 있다
그 물의 깊은 생각은 접는다
더위에 지친 내가 호감을 가져줄 기력이 없다
가문 텃밭과 목마른 새들에게 적셔줄
지금은 물 한 모금이 필요한 때
아 바람 한 떼가 온다.
내 목과 등허리와 가슴을 들추고
뜨거운 한낮이 더위를 지운다
코스모스가 흔들리고
대륜나팔꽃도 피었다
호미로 흙을 고른 뒤 배추씨를 뿌려놓고
북한산 봉우리를 바라보노라면
이렇게 좋은 날에
이쯤해서 여기까지 살아도 좋으련만
이보다 더한 무슨 영광을 보려고
다시 씨를 뿌리는 것이냐
매미는 다시 자지러지게 울고
냇물은 어지간히 흘러내리는 것이냐

텃밭의 흙 내음새가 기막히다
아침보다 몸이 가볍다
바람은 무더위를 잘 견뎌낸
도시농부를 위해 또 한차례 돌아온다.

새들의 고향

인왕산 중턱 대나무 숲 옆에서
백련봉에 올라간 남편을 기다리며
새들의 노랫소리를 들었다

삐비 시옷시옷 새새새새
삐리 삐리삐리 삐리리리

인왕산 호랑이굴을 본 남편이
내려오는 길을 잠시 잃고 헤맸다
고고고 구닥다리 배배배
고고고 구닥다리 배배배

새들의 소리를 들어보면 안다
너는 먹고 나는 굶고
나는 먹고 너는 굶고
아픈 상처가 초록으로 덮여 있다

끝없이 용서하는 나무들에게
사랑은 하늘나라의 것임을
새들의 노랫소리를 들어보면 안다

홍지동, 그 가파른 비탈길에서
줍줍줍 주비 주비 줍주비
호랑이굴을 보고 온 남편이 착해졌다.

세검정 삼거리에서

건널목에 서 본다
삼거리를 지키는 나무들
그 단단한 껍질에서 온기를 느끼며
벗은 나무를 안고 바라볼 수 있다니

찬바람 부는 이월
북악산 너머 산모퉁이 돌아
남도의 봄소식이 여기
내 코끝 향내로 다가오네

88계단 오르던 예배당
한 해 한 해 기억을 반추하면
눈물의 아이와 소녀가 손을 잡고
하늘 길을 연 언덕 위에 서네

인왕산 소나무는 잔설에 더욱 푸르고
빛과 몸 섞는 마을풍경 속에
내가 잠시 머물던 자하문 길 창가도
짙은 그리움이 되었나니

김수환 추기경이 다녀간
오래된 마을 이발소 지나
북한산 큰 회색바위 아래
내 가시로 지은 까치집 너머

해 뜨는 아침부터 저녁까지
천지를 다스리는 빛의 찬양을
만물의 노래로 귀 기울이는
그 큰 사랑이 이 거리에 넘치고 있네

팔월

팔월은 울어야 흘러간다
그날 나도 목 놓아 울었다
그리고 평상에서 잠을 잤다
할아버지가 지게에서
큰 수박덩이를 내리고 있었다
오늘은
매미가 그악스레 운다
팔월이 가려나보다.

패랭이꽃 마을

오이와 호박 넝쿨 사이로
패랭이꽃과 돈나물 꽃 위로
오월 하늘이 질푸르다

텃밭을 수놓은
저 눈부신 꽃들의 향연은
아무도 모르게
내 시가 뿌려놓은 노래다

어느 외로운 길손인들
나비처럼 찾아와
먼 옛날 고향생각에
눈시울 적시지 않으리

지친 세상 굽이굽이에
시의 씨앗 하나 심어놓으면
우리들의 좋은 이웃 되어
어딘들 꽃을 피우지 못하랴

5부
문경새재

영양의 그리움들

안동에서 31번 국도를 지나
조지훈 시인의 고향을 찾아가는 길
무창 초교 폐교에서 시낭송이 하늘에 닿았나
솔향기 그윽한 계곡에 텐트를 치고
청록이 되어 바라보는 밤
지난날 몰래 흘린 당신들의 눈물이
가슴 시리도록 반짝이며 서늘히 다가와
나의 영혼을 흔든다

— 청청하고 고랭한 여름밤을 가져갑니다
— 길이 길을, 말이 말을 막는 혼돈의 시대에
— 유배된 옥천공의 시무 10개조는 아직 유효합니다

청양산 육육봉 지나고
주실마을 감천마을 두들마을을 돌아보고
일월산 아래 영양 문향골에서 만난 모든 그리움들
장군봉에서 캐내온 K시인의 더덕술에 담아 갑니다.

저녁은 다시 찾아오고

이사하는 날에
저 낡고 소중한 내 소유물이
바람을 맞으며
구름 아래를 내려다본다.
몸담은 집을 용케 빠져나오면
그래도 그럴까
이사를 자주 다닌 침대나 책이나 냄비 나부랭이가
글쎄, 뭉게구름 같은 그리움을 알기나 할까
내 초라한 지난날들이
이웃대문을 향해
몰래 작은 소리로 안녕을 고하고
저들처럼 나도 마지막 구름에 오른다

새로운 지붕 아래 짐을 푼다
어디선가 저녁이 찾아와 나를 에워싸고
인적 없고 낯선 이웃집 담벼락 위로
늙은 고양이가 손인사를 하며 지나간다
새로운 골목길을 바라보며
나를 따라온 낡고 편안한 의자처럼
내 소유물이 나를 감싸며 위로한다
개울물 소리도 들리고

별들도 찾아오고
바람도 불어오고
나는 등불을 끄고
비로소 아이처럼 깊은 잠에 빠진다.

문경새재 鳥岭

짚신 꿰어 차고
큰 뜻 품고 넘던 재
골짝 길 물소리 밟고 가는
저 구름 거동 보소

잣나무 우거진 길섶으로
새아기 부끄럼 미소로 흐르니
뉜들 평상바위에
쉬어가지 않을 손가

발걸음 늘어지고
청솔 향에 취한 구름
흰 도포자락 풀어놓고
시냇물에 젖어드네

정절 흐르는 시린 물
물빛 치맛자락에 눈 멀어
길 잃은 알몸도 부끄럽지 않는
저 신선은 뉘 일까

남정네의 발자국
박달나무에 걸려 있고
관문 뒤에 숨은 주막에는
뜬 누룩 향내만 괴는 구나

섬진강

역한 세월 얼마나 깊었으면
이제사 섬진강에 닿아
물결치며 우는가
울컥 북받치는 혼돈의 나날도
지리산 한 자락 움켜잡으면
저리도 평화인 것을

맑은 심성의 가을 강이여
은어 떼 비늘로 뛰노는 욕망
젊은 날의 꿈이 여기 있었구나
갈대밭 지나 대숲바람 속에 마음을 비우고
빈 나뭇가지 위로 날아오를 때
입술 고운 낙엽이 인연처럼 지고 있네

산길 마을마다 정든 옛 고샅길
떠난 임 벗어 놓은 검정 고무신
까만 돌담처럼 켜켜이 쌓여 있고
나룻배 졸고 있는 물이랑 위로
재첩이며 다슬기의 꿈이 피어올라
가녀리게 속삭이는 강을 이루었구나

가진 것 다 버려야 섬진강에 닿아
하동포구와 구례 사이
쌍계사 화엄사에서 전단향 모으고
지리산 새벽 정기 끌어내어
물빛으로 빚은 도자기도
깨뜨린 뒤에야 얻을 수 있는 사리였구나

강물에 녹아내린 한 생의 사랑도
다기에 우려낸 녹차 빛으로 남았으니
벚꽃 피는 봄길에 하늘 열리는 날

다시 돌아와 그 길에 서면
구천으로 펼쳐질 섬진강 가에서
젊은 그대 영혼을 만날 수 있을까

생명의 서書

섣달그믐날 밤에
큰 별들을 부른다
살아 있을 때 늘 뜨겁던 사람들
너무 뜨거워 온몸 불사르고
엽서 한 장 남기고 떠나버린,
김수남 명예시인은 목이 터져라 시를 낭송하고
박재삼 시인은 흘러간 유행가를 삼절까지 부르고
서정주 시인은 마지막 불꽃놀이에 신명이 나고
황금 송아지를 몰아내야 한다는 구상 시인도
사랑은 아름다운 구름이라던 조병화 시인도
이 한세상에서 십자가를 지고
뜨겁게 살다가 떠났다
생사의 경계를 넘어 천국에서
그들은 아직도 나와 소통하고 있다
섣달그믐날 밤 포도주 향기 맡으며
나는 죽은 시인들의 생명의 서書를 읽는다
죽음이 살아 있는 자의 몫이라고
우리들의 큰 별들이
껄껄껄 웃는다.

포도주

세상을 아는 척하지만
그대는 내 질문을 답하지 못하고
나를 달래려 안간힘을 쓰는구나

암만 살갑게 굴어도
끝내 술맛을 헤치고 마는
천생 너는 타고난 훼방꾼이다

잠 못 이루는 이 밤
노을빛 시를 흥얼거리며
낭자하게 노래를 부르게 하는구나

사랑을 아는 척하지만
그대는 내 그리움을 채우지 못하고
날 재우는 일밖에 하는 일이 없구나.

동방의 나라로 다시 오너라
 – 세월호에 숨진 꽃들에게

보이지 않는 검은 가면들은
오랜 세월을 끊임없는 욕망을 위해
진실과 정직에게 수없이 도전장을 내밀었다
끝내 부정부패로 포장한 여객선 세월호에
순진무구한 수백 명의 생명들을 빼앗겼다

"가만있어라"는 방송을 내보내고
선원들이 먼저 탈출하여 구조되었다니
하나에서 열까지 비리의 온상이라니
아, 하늘도 땅도 전 세계도 통곡하리라

에덴의 동쪽으로 쫓겨난 카인의 후예들이여
발버둥 치다 숨진 어린 눈동자에
울부짖는 유족들의 꿈과 희망이 침몰되었다
온 국민이 분노와 고통으로 얼룩졌다

아직도 상처와 갈등과 질곡의 이 땅에서
권력은 금력과 죽이 맞아 멋대로 춤을 추고
이 나라의 배경이 되고 고층빌딩이 되고
길 잃은 국민에게 사랑이 떠난 손만 흔들고

가난하고 온유한 고령자들이
세계 자살률 1위로 자리매김하는 나라에서
22조 4대강 사업으로 자연을 훼손한 나라에서
아픔을 보고도 아파하지 않는 가면들아
당신은 썩은 부패덩어리

억울한 내 아버지
부패비리로 해양기록마저 사라진
초춘호 여객선 침몰 사고를 당한 지 64년
우리가 살다가는 자리에는 해마다 꽃이 피는데
아직도 돌아올 줄 모르는 양심아 사랑아
조국을 위해 살다간 영혼이여

오랜 세월 침묵으로 살아나서
네 살배기 빛난 눈빛은
이 땅에 시의 이름으로 횃불을 들었다

자, 믿는 자여
주님의 이름으로 함께 외치노니

"나사렛 예수의 이름으로

권력과 거짓과 부정부패의 마귀는
이 땅에서 물러가라"

하나님이 우리를 위해 예비해주신
희망아 꿈아 평화야 행복아
저 노란 리본에 끝없이 휘날리는
세월호에서 숨진 꽃들의 이름으로 오너라
울부짖는 유가족들과 온 국민과
온 세계인의 눈물로 오너라
내 아버지의 꿈과 네 살배기 눈물로 오너라
부활의 꽃으로 피어나서
동방의 이 땅에 다시 돌아오너라.

2014년 4월 24일 낮

김수남 명예시인

아침에 콜리가 하늘을 보고 짓던 날
하얗게 치솟던 대공원 광장의 분수가
갑자기 정지되던 그 시간에

과천현대미술관에서
조나단 브로프스키의 조각 작품
15척 거구의 남자가
알 수 없는 음성으로 하늘에 고하던 그 시간에

이 나라 시인들과 시를 아끼고 사랑한
김수남 명예시인이 세상을 떠나던 날
1997년 5월 20일,

배낭을 내려놓고
목이 메었다.

*조정애 시인이 세종문화회관 사랑방시낭송회를 50회 주관하는 동안 후원을 아끼지 않으셨던 색동회 회장이며 시낭송가이자 한국시인협회 명예시인인 소년한국일보 고 김수남 사장(1937~1997.5.20.), 향년 60세에 숙환으로 소천.

거대한 섬

푸른 울타리를 버리고
사람들은 아파트로 모여들었다.
포개져서 먹고 자고 배설하면서
흘러내리는 물소리를
쉴 새 없이 파도소리로 들으면서
고소공포증을 치료해가면서
육지를 잊어버리는 것이다

층층에서
철문은 소리를 가두고
승강기는 계절을 가두고
방금 뿌린 샤워코롱의 향기가 날고
때론 승승장구하지만
사람들은 숨이 막힌다
갇히기를 열망하던
청유리는 해면처럼 눈이 부시다

이층에서 삼층으로
삼층에서 고충으로 오르내릴 때
북두칠성은 슬그머니 한발을 내리고
백남준 비디오아트를 구경하며

겹겹이 누운 자들의 체위를 흘낏거린다.

아파트는 거대한 섬
하늘로 높이 오를 때마다
허공에 떠 있는 섬들이
땅속으로 파고들지도 모른다고
담쟁이 같은 사람들이
고개를 젖히고 하늘을 쳐다본다.

삼성동

인터콘티넨탈호텔 위에 달무리가 섰다
먼 길을 에돌아와
누구를 한없이 기다리는지
달맞이꽃이 눈물 글썽이고 있다

옛날 한가윗날에
어린 자식 추석빔이 맘에 걸려
코엑스 빌딩 어깻죽지에서
간간이 구름기슭을 구르며
설움을 바람처럼 휘적거리고 있다

거리의 센베이 트럭에서
남해바다 파래향이 묻어오는데
산 너머 등불 같은 포장마차에서
밤새 울부짖는 저 에트랑제는
누구의 달무리인가

봉은사 종소리는
깊은 소나무 숲속에 잠들고
풀벌레 소리만이 밤이슬처럼
내 가슴을 적시고 있다.

부부미용실

머리의 허락을 받고
근심을 커트하고 권태를 파마하고
우울을 샴푸하거나 걱정을 빗질하는 동안
나는 잠시 거울 안으로 들어간다

품고 다니던 생각을
그 어두운 생각의 무게를
손이 가늘고 흰 미용사가 털어 낸다

생각이 바닥에 떨어지고
다른 사람의 생각과 머리카락이 뒤섞이고
금방 친해져서 나의 생각을 바꾸고 있다

이윽고 상냥한 아내와 훤칠한 남편이
내 머리손질을 끝냈을 때
나는 파란 가을하늘을 이고 걷고 있었다.

오 거룩한 나라
 - 삼일절에

사는 날까지
백의민족의 웅지를 지키려는 마음 있거든
세상일 모두 비워 버리고
함성 쏟아지는 흑성산 아우내 공원
역사의 큰 강물 줄기 모여든 병천 마을로 가리라

암흑천지 조국 강산
나라 잃은 선구자들이
목숨 던지고 사라져 간 그날그날들
자유와 정의가 유린된
억만대 뉘우침의 처절한 땅 위로
천고의 한 맺힌 단장의 곡성이
끝없이 울려오고 있다

사는 날까지
유관순의 옥중 기도 소리와
수많은 독립투사의 피 묻은 옷과
태극기에 새겨 둔 뜨거운 독립 의지와
자손에게 외친 절절한 목소리를 들으려거든
옷을 가다듬고 조용한 발걸음으로
역사의 강줄기 쏟아져 내리는

저 너른 들판 위의 옛 조국으로 가리라

오 나의 나라여
대한민국이여
기미년 삼월 일일
불감의 이 시대에 잠자는 영혼을 흔들어 깨우며
독립의 의지가 끊임없이 불타오르게 하라
작아지고 낮아진 민초들이
어둠 속에 찬란한 별이었음을
역사는 이렇게 다가와 말하고 있지 않은가

큰일을 못 이룬 선조들의 탄식 소리가
그날 그땅, 그 생명으로
우리의 가슴에 울려오고 있다
사는 날까지
우리가 건네받은 거룩한 이 땅
불의와 부패가 사라졌는가
한 점 부끄러움 없는 태극기여
그 깃발을 오늘도 하염없이 휘날리게 하라.

– 독립기념관을 나서며

그리운 아버지

게이요대학 영문과 출신이며
수영선수였던 우리 아버지

임시정부에 참여하러 가는 길에
만주에서 체포되기도 했고
군정 때 6사단사령부 통역책임자로
귀환동포와 육이오 피난민을 위해
헌신하신 아버지

그 당시 고향의 가난한 청년 30명을
부산 부두에서 일을 하도록 하고
집에서 3년을 무료 숙식시키신 아버지
사천향우회와 창녕 조씨 화수회를 창립하고
꿈을 키우시던 아버지

그 두꺼운 영문서적들
징 박힌 아버지 구두소리
나무계단을 빠르게 오르는 발자국소리

늦은 밤 기다리는 오빠와 내 앞에서
똑똑똑

문을 두드리는 소리

"누구십니까"
"제올시다"

와락 껴안고 과자봉투를 건네곤 했던
그 기억이
영원히 내 가슴속에서 살고 있다.

샬롬, 지구

빛을 쏟아내는 한낮에
창을 열고 해를 만나봐요
맑고 빛난 그대의 모습은
가까이 바라볼 수 없어요

큐피트의 화살이 심장에 꽂히나요
재잘대는 저 새들 마냥
닫힌 가슴에 불을 켜고
두근대는 사랑을 고백할까요

햇살 향해 살며시 눈을 감아요
한숨의 잔가지 사이로
무한한 꿈의 설계도가
영혼의 빈터에 그려지네요

그대 손길 스치면
평화와 기쁨은 다시 흐르고
새순 눈뜨는 연약하고 강한 봄이
그대의 사랑으로 일렁이네요.

/ 발문 /

신비한 의존감정을 통한 시적 성취
– 나의 아내 조정애 시인의 시에 부쳐

오태규
(소설가)

조정애는 복합적이고 다층적인 주제로 시를 써왔다. 이번 시집 『일출보다 큰 사랑』도 다양한 경향의 시가 혼재돼 있다. 그러니까 네 살 때 여객선 초춘호 침몰로 아버지를 잃은 것을 비롯해 파란만장했던 그의 삶을 독려(督勵)했던 깃발들이 이렇듯 좀 복잡한 것은 어쩌면 당연하다.

설움, 눈물, 분노의 이미지만 남기고 훌쩍 떠나버린 아버지에 대한 사부곡(思父曲)을 부르면서 뼈에 사무친 그리움을 달랬고, '일출보다 큰 사랑'으로 어느 날 갑자기 아버지의 사랑이 형상화됐을 때 그 신비한 의존감정(Feeling of Dependence)을 통해 시인으로 거듭났고, 그래도 삶이 고달플 때는 자연의 화육(化育)으로 뜨거운 생명력과 마음의 평화를 얻었고, 내 의식은 결국 유한하고 한시적인 내 존재 안에서 명멸(明滅)하는 자신의 감정 혹은 추론(postulate)일 뿐이라는 것이 허망해서 영원한 절대자의 계시와 진리를 터득하고 '하나님의 사랑'을 실천하여 "영적 눈"을 떴던 일 등, 시적 성취를 다루고 있다.

1. 사부곡을 부르면서 그리움을 달랬다

시인은 네 살 때 아버지를 잃었다. 겨우 네 살배기 아기가 인생의 허방을 짚었다. 그때부터 뼈에 사무치는 사부곡을 부르기 시작했다. 졸지에 아버지를 앗아간 초춘호 침몰 사건은 역사에서 없었던 일로 여태껏 은폐되어 왔다. 배후에는 자본과 결탁한 권력이 있었다. 『일출보다 큰 사랑』의 1부는 '초춘호'로 시작한다. 시인은 「초춘호 여객선 침몰 사건」이란 시에서 정부가 마땅히 밝혔어야 할 잘못된 과거사가 지금까지 이 은폐되고 있음을 한편으론 분노하고 한편으론 위로받고 싶다고 간절히 호소하고 있다. 이 사건을 좀 더 자세히 알아보기 위해 시를 인용한다.

> 초춘호 침몰사고는 1950년 12월 16일 아침 8시 45분
> 부산 여수를 오가는 여객선, 초춘호가
> 무리한 정원과 화물초과로 선체가 기울자
> 송도 앞바다에서 급히 회항을 하려다가
> 창졸간에 일어난 대참사였다
> 그리고 네 살배기 나는 아버지를 잃었다
>
> 초춘호를 출항시킨 부산 수상경찰서도
> 해양사고를 총괄하는 해양경찰청도
> 그런 일 없다고, 우리는 모르는 일이라고 잡아뗐다

모든 역사의 기록에서 빼버렸다

백구 이상의 시체를 안치하고
아버지가 몸에 지녔던 돈을 무기창고에 보관했던
부산수산경찰서는 무엇이 두려워서
초춘호 여객선 침몰사건의 진상을
송두리째 숨기고 있는가

초춘호 사고를 일으킨 대동상선은
교통부 장관의 아들이 부사장을 지냈고
2년 뒤 창경호 여객선 침몰사건을 일으킨 선박회사임이
2006년 진실 화해를 위한 과거사 진상조사에서 드러났다.
부산일보 동아일보 국제신문에
초춘호 여객선 침몰사고 상황이 모두 기록돼 있다

오랜 세월, 아직도 누구의 눈치를 보고 있는가
대한민국이여 말해다오
이승만 정권의 과거사 은폐로
아직도 수많은 진실이 세상에 밝혀지지 못하고 있다
우리의 삶을 피눈물로 얼룩지게 한 그 억울함과 분노는
오늘도 성난 바다가 되어 출렁이고 있다

게이요대학 영문과를 나와
미군정 때 미 6사단 사령부 통역책임자를 지내셨고
수많은 귀환동포들에게 적산집을 구해주고

> 6·25 때는 피난민을 위해 분골쇄신
> 애쓰시던 나의 아버지여,
> 아직도 눈을 뜨고 계십니까.
>
> (「초춘호 여객선 침몰사건」 부분)

시인은 당시뿐만 아니라 문재인 대통령 시절에도 청원서까지 냈지만 지금까지 묵묵부답인 것에 분노하고 있다. 이 시집 첫 작품 「초춘호 여객선 침몰사건」에서 시인은 시적 이미지와는 거리가 먼 직설적인 피맺힌 언어로 절박한 심정을 호소하고 있다. 아버지가 세상을 떠난 후 애절한 그리움이 밀려왔다.

1부에는 창졸간에 아버지가 죽음을 당한 객관적인 서사의 사실성을 높이는 「초춘호 여객선 침몰사건」이란 시를 맨 처음에 실었다. 그리고 시인의 어린 기억 속 아버지의 발자국 소리를 떠올리며 아버지에 대한 그리움으로 이미지화된 「나무계단」 시리즈 8편을 게재했다. 1부에서 시적 이미지는 '그리움과 분노'였다.

> 먼 옛날
> 나무계단에
> 발자국 소리 남기고
> 문득 떠나 버린 당신
>
> 그리움을 밟고
> 한걸음 내려서면
> 설움이 북받쳐 목이 메고

방울방울 눈물이
마지막 계단 아래로 떨어졌다

무엇이 운명을 넘어뜨려
계단 아래로만 가게 했을까

얼룩지고
검게 튼 손에
별 꿈 쥐어준 당신

(「나무계단 1」부분)

 계단을 오르내리는 발자국소리만 남기고 떠나가 버린 아버지! 그리움으로 치환되어 수천수만의 몸짓으로 자신을 부르고 있는 바다! 급기야 그리움으로만 살 수 없는 현실을 깨닫게 되자 그리움은 소금으로 환유된다. 소금이라는 현실적 실체를 통해 시인은 새로운 세계로 나아갈 꿈을 꾸게 된다. 바다는 그리움을 채워주지 못할 뿐만 아니라 설움, 분노, 가난을 떠올린다. 마침내 그런 바다를 떠나려고 하는데, 그때 아버지의 사랑이 '일출보다 큰 사랑'으로 떠올랐다. 그것은 잠자던 그의 생명력을 샘솟게 하는 슐라이어마허의 '의존감정'이었다.

일용할 양식 속에
반짝이는 구미로 녹아드는
소금은 바다의 무엇인가

바다보다 넓은
바다를 유영하면서
스스로 증발한
그리움의 결정체여

외딴 오두막
저녁 창에 숨어 있던 여인이
흠뻑 노을에 절이고 나면
소금은 마침내
꿈을 꾸기 시작한다.

「나무계단 8」

그때 내 이름 불렀을까
등불이 꺼져가던
얼어붙은 바다에서

난파선 물살 속으로 빨려 들어갈 때
네 살배기 내 이름을 불렀을까.

마지막 그 바다에
다시 뜰 그 바다에 남겼을
일출보다 큰 사랑

조난당한 내 꿈은
아버지의 바다에서 다시 살아나

수천수만의 몸짓으로
오늘도
내 이름 부르고 있다.

「나무계단 2 - 일출보다 큰 사랑」

2. 신비한 의존감정을 통해 시인으로 거듭났다

아버지가 '일출보다 큰 사랑'으로 이미지화 됐을 때 아버지의 삶이, 그의 지성 사랑 헌신 양심 기품 정의 애국, 그 모든 것이 한순간에 빛나는 의존감정이 되었다. 그것은 인간이 위기에 빠졌을 때마다 어김없이 기적을 드러내는 하나님과 같은 것이었다. 이 절대감정은 경건한 느낌으로 다가와서 시인을 바다에서 끌어냈다. 그리고 아버지가 못다 산 삶을 그대로 살아보라고 소리쳤다. 조정애는 마침내 시인으로 거듭났다. 그리고 아버지의 삶을 시적 이미지로 형상화하기 시작했다.

"나는 더 이상 절망하지 않기로 했다. 무엇보다 돌아가신 아버지가 내 속에 살아 있었기 때문이다. 아버지의 혼이 떠돌고 있는 바다를 향해 '당신에게 부끄럽지 않게 살겠습니다' 하고 수없이 맹세했다."(산문집 『딸들아 세상을 아느냐』 책머리에서)

부산 노포역 고속버스터미널
눈부신 겨울아침
부산을 버리고

바다를 버리고도
나는 차마 운명의 끈을 놓지 못한다
어깨 너머로 사라진 바다에
내 유년의 유리창처럼
빛나는 눈물이 있다
아버지의 제사상 앞에서
서러움 다 쏟고도
아직 남아
내가 다시 짙푸른 하늘을 이끌고
서울로 가는 중이다.

「경부선 3」 부분)

하늘빛을 보면 안다
내가 얼마나 멀리 왔는지
청새치 뼈만 남은 고향의 푸른 하늘을
놓치지 않고 떠메 왔음을

하늘빛을 보면 안다
내가 무엇을 위하여 사는지
등불을 켠 나의 생각들이 벌떡 일어나
컴퓨터의 자판기를 밤새 두드릴 것임을

하늘빛을 보면 안다
부산은 저 멀리 남쪽 끝에 있고
나는 서울 사람이 되어

눈처럼 살며시 스며들게 될 것을
「경부선 4 – 서울역에서」 부분)

　어깨 너머로 사라진 바다에 내 유년의 유리창처럼 눈물이 있다. 담대한 새 출발은 했지만 애달픈 마음이 물씬 묻어났다. 하늘빛을 보면 안다. 나는 서울사람이 되어 눈처럼 살며시 스며들게 될 것을. 눈부신 낯설음에 젖어드는 쓸쓸함이 느껴졌지만 시인을 아버지를 떠올리면 늘 의연하고 자랑스러웠다.

　　겸허하고 은은하게
　　작은 비석 하나 서 있으리
　　가난하고 병들고 연약한 자들의 어머니여
　　솟는 태양이여, 희망의 빛이여
　　행동하고 저항하고 짓밟히고 으깨어지며
　　우리들의 양심을 세우는 풀이여
　　아름다운 철학이여
　　죽음으로 던져진 피울음도 사라지고
　　이 땅의 갈대들은 무수히 흔들리는데
　　저 멀리 어딘가에
　　겸허하고 은은한 풀꽃의 나라에서
　　작은 비석 하나 서 있으리.
「아름다운 철학」 부분)

　사랑아
　네 아픔이 너무 커서

나는 그 아픔을 나누는 꽃이 되었다

사랑아
세상이 너를 버려도
모래알을 적시는 물결처럼
나는 억울한 네 영혼 속으로 스며들었다

「사랑아」 부분)

　행동하고 저항하고 짓밟히고 으깨어져도 행동하는 양심으로서 고뇌하고, 지도자로서 자부심과 기품을 잃지 않았다. 시인은 곧잘 '아름다운 철학이여' 하고 주절거렸다. 아버지는 죽는 그날까지 가난하고 소외되고 고통 받는 사람들을 위해 분골쇄신했다. 그의 헌신적인 이웃사랑을 시인은 한시도 잊은 적이 없었다.

인왕산 중턱 대나무 숲 옆에서
백련봉에 올라간 남편을 기다리며
새들의 노랫소리를 들었다

삐비 시옷시옷 새새새새
삐리 삐리삐리 삐리리리

새들의 소리를 들어보면 안다
너는 먹고 나는 굶고
나는 먹고 너는 굶고
아픈 상처가 초록으로 덮여 있다

끝없이 용서하는 나무들에게
사랑은 하늘나라의 것임을
새들의 노랫소리를 들어보면 안다

(「새들의 고향」 부분)

   얼마나 치열하게 자연과 사물을 관찰하고 있는가. 시인은 특히 영어원서를 읽으면서 밤을 새우시던 아버지를 자주 이야기했다. "아픈 상처가 초록으로 덮여 있다" 이런 지적인 표현은 아무나 할 수 있는 것이 아니다. 아버지의 빛나는 지성을 시인은 자랑스러워했다. 이른바 의존감정을 만났던 그때가 시적인 혁명이 일어난 분수령이 된 것이다. 이럴 때 시적 화자의 시적 이미지는 "설레고 경건했다".

3. 화육(化育)의 이법(理法)으로 뜨거운 생명력과 마음의 평화를 얻었다

   그래도 삶이 고달플 때는 시인은 도회적 훤소(喧騷)와 욕망에서 벗어나 자연으로 돌아가서 텃밭을 가꾸며 살아갔다. 자연을 사랑하고, 자연과 혼연일체가 되어 자적(自適)하는 시적 이미지를 통해 창조적 에너지와 내공(內功)이 분출되었고, 마음의 평화를 얻었다. 특히 그의 생태계 사랑은「초록색 지구별」이라는 시에 잘 나타나 있다.

창세기에 이 지구는
인간과 동물과 자연이 완전히 공존했다

인간의 끝없는 욕망은
　　자연환경을 파괴했고
　　자본주의의 폭주와
　　산업의 과잉발전으로
　　지구자원을 낭비 고갈하여
　　급기야 기상이변을 불러오고
　　생태계를 파괴하기에 이르렀다.
　　　　　　　　　　　　　　　(「초록색 지구별」 부분)

　시인은 "나라마다 사람마다 손을 잡고 더 이상의 생태계 파괴를 막고 건강한 먹을거리를 재배하는 토양을 보존하고 자연환경을 지켜내야 하고 그리하여 자손들에게 물려줄 인간과 자연이 공존하는 초록색 지구별, 영원한 낙원을 이룩하자"고 새로운 희망을 역설했다.

　흙을 만지면서 살아갈 때 유난히 뜨거운 생명력이 끓어올랐다. 텃밭 가꾸기를 시작한 지가 20년이 넘은 이유다.

　　텃밭을 수놓은
　　저 눈부신 꽃들의 향연은
　　아무도 모르게
　　내 시가 뿌려놓은 노래다

　　지친 세상 굽이굽이에
　　시의 씨앗 하나 심어놓으면
　　우리들의 좋은 이웃 되어

어딘들 꽃을 피우지 못하랴
「「패랭이꽃 마을」 부분)

엄마 아빠 자식들 올망졸망 매달렸다
하얀 속살 드러내며 바구니에 담길 때
지난 시절 내 어린 자식들도 그립구나

감자밭 같은 우리네 삶에
지렁이도 어린 감자를 보호했구나
자연아, 세상 모든 착한 것아
너희가 감자를 키웠구나
감자가 詩를 키웠구나
(「감자가 詩를 키우고」 부분)

텃밭에 시의 씨앗을 뿌려 '아름다운 노래' '착한 이웃'으로 꽃을 피우는 것을 열망하기도 하고, 감자를 캐면서 올망졸망 매달린 감자를 보고 이젠 슬하를 떠나버린 어린 자식들을 떠올리며 그리워하기도 한다. "세상 굽이굽이에 시를 심어놓으면 우리 모두가 착한 이웃이 될 것"이라고 시인은 외치고 있다. 그리고 새삼 탄성을 내질렀다. "자연아, 세상의 모든 착한 것아, 너희가 시를 키웠구나."

초목마다 새 잎이 돋아나고
연두빛 아장아장 걸음마한 날
봄볕 속에 구룡산에 와서
'희망아' 하고 소리쳐 불러본다

'희망아' 목청 돋워 거푸 부르면
어느새 나도 날개를 달고
살아있는 구룡산의 봄빛이 된다.
「「희망아」 부분)

해마다 깊어가는 팔월 끝자리
청아한 꽃으로 다가와서
친구를 기다리는
푸른 사람아

바람이 먼 길 휘돌아오는 날
맥문동 보랏빛 꽃들이 피었다
푸른 치마 고만고만한 키에
우리들의 이야기 줄줄이 달렸다.
(「우체국 앞」 부분)

나팔꽃은 나팔꽃으로
꽃들은 모두 돌아오고 있는데
뿌리 깊은 욕망 때문에
돌아올 줄 모르는
꽃다이 아름다운 진실아
하늘은 분노로 들끓고 있다.
(「꽃다이 아름다운 진실아」 부분)

희열에 젖은 지혜로

손과 불의 힘을 빌리고
　　뜨거운 영혼으로 빚는다

　　이윽고 흙은 보이지 않으나
　　흙은 살아 있고
　　땀과 고통은 보이지 않으나
　　영혼이 살아 숨쉬는
　　생명을 빚는다
　　　　　　　　　　　　　　　　　　　　(「도자기」 부분)

　　얼음 깨지는 소리에 별은 더욱 빛나고
　　겨울산은 더욱 멀리 보이는데
　　당신의 詩집은 어디쯤에 있을까
　　풀들도 서로 부둥켜안고 발을 녹이는데
　　저기 솔가리 타는 굴뚝 연기가 보인다.
　　　　　　　　　　　　　　　　　　　　(「당신의 집」 부분)

　'희망아' 하고 목청껏 부르면 어느새 나도 날개를 달고 구룡산의 봄빛이 된다. 푸른 치마에 고만고만한 키로 피어난 보랏빛 맥문동 꽃이 도란도란 우리의 이야기를 들려주기도 하고, 나팔꽃을 바라보며 꽃다이 아름다운 진실이 돌아오기를 고대하기도 하고, 흙으로 영혼이 살아 숨 쉬는 생명을 빚기도 하고, 별이 빛나고 얼음이 깨질 때 겨울산을 바라보면서 당신의 詩가 태어날 집을 찾아 헤매기도 한다. 시인의 내부에 도사리고 있는 생명력이 하늘과 바람과 흙을 만나면 뜨거운 열정과 욕망으로 터져 나왔다. 그게 척당불기(倜儻不羈)의 시작

(詩作)의 원동력이 된 것은 물론이다. 이럴 때 시적 화자의 시적 이미지는 "평화롭고 생기가 넘쳤다".

4. 인간사랑과 영적 개안(開眼)을 통한 시적 성취

시인은 자연 속에 살면서 생기가 넘쳤지만 언제부턴가 의식에 변화가 일어났다. 그의 삶에 결정적인 영향을 주었던 의존감정도 따지고 보면 어디까지나 자기의 주관적인 감정일 뿐이다. 결국 유한하고 한시적인 내 존재 안에서 명멸(明滅)하는 감정 혹은 추론(推論)에 불과하다. 문득 그런 생각이 회한으로 다가왔다. 자연히 인간을 사랑하고 교유를 확대함으로써 새로운 돌파구를 모색했다. 그리하여 절대자의 계시와 진리를 터득하고 "영적 개안"을 하게 되었다.

초춘호 사건으로 받은 상처를 자연으로 치유를 받고 인간과 어울림으로써 창조적인 삶의 원동력이 보강 발전한다. 따뜻하고 착한 인간관계를 긍정하는 것은 시인이 '하나님의 사랑'을 실천하는 첫걸음이다. 이런 '영적 개안'은 시인의 삶과 시작(詩作)은 물론이고 타인과의 관계에도 영향을 미쳤다. 새로운 생성과 창조의 과정으로 떠오른 이런 의식의 변화는 소외된 타자를 비롯한 생명체 전체를 껴안는 '하나님의 사랑'을 꽃피웠다. 그리고 시적 이미지로 자리매김했다.

이전의 시들과는 사뭇 달랐다. 어떠한 편견과 선입감에도 사로잡히지 않고 마음속 불안과 회의(懷疑)를 말끔히 씻어버린 채 시인은 상상의 날개를 달고 시공(時空)을 초월하여 비상(飛翔)하고 있다. 상큼하고 발랄했다. 시인의 언어가 저마다 생명을 얻어서 현란한 몸짓으로 춤을 추었다. 이럴 때 시적 이미지는 "행복하고 법열(法悅)이 샘 솟았다." 가히 빛나는 시적 성취라고 할 수 있다.

두드리는 북소리에 너도나도
어깨춤 따라 추는데
북한산 북악산 인왕산도 오너라
세상에 시달린 너희 새들도 오너라
사랑은 하늘나라의 것이라

넉넉하구나 작은 배냇저고리 은행나무야
저 연두빛 눈시린 작은 희망들아
세검정 물소리 지고피고 피고지고
이팝나무 라일락 향기 번져오는
계곡 마을 하늘이여

쉼없이 기도하던 사람들도
사물놀이패 되어 꽃놀이 하는구나
춤가락이 흐른다 꽃바람이 분다
대원군 안평대군 연산군이여
윤동주 현진건 박종화 이광수여

꽃구름 피어오르다 떠나는 산마을에
아, 다시 꽃잎 날리는 천국 길에
연분홍 꽃잎 같은 내 어머니여
그리움이여 시의 고향이여

어찌 이리도 봄꽃 마중은 늘 내게 눈물겨운가
(「꽃구경 날에」 부분)

햇살 향해 살며시 눈을 감아요
한숨의 잔가지 사이로
무한한 꿈의 설계도가
영혼의 빈터에 그려지네요

그대 손길 스치면
평화와 기쁨은 다시 흐르고
새순 눈뜨는 연약하고 강한 봄이
그대의 사랑으로 일렁이네요.
(「샬롬, 지구」 부분)

개울물이 흐르는 텃밭 아래서
어릴 적 외할머니 향기를 맡는다
이웃 남새밭 가는 길에
함박웃음처럼
천지에 호박꽃이 피었다
배고픈 아기처럼
꿀을 찾는 벌들아
"어서 오너라, 여기 넉넉한 네 식탁도 차렸다"
숲길 아래 버드나무 그늘도 좋다.
(「호박꽃길」 부분)

암만 살갑게 굴어도
끝내 술맛을 헤치고 마는
천생 너는 타고난 훼방꾼이다

잠 못 이루는 이 밤
노을빛 시를 흥얼거리며
낭자하게 노래를 부르게 하는구나

사랑을 아는 척하지만
그대는 내 그리움을 채우지 못하고
날 재우는 일밖에 하는 일이 없구나.

「포도주」 부분)

내 시야에 들어오는
모든 것은 내 것이다

네 시야에 보이지 않는 것도
내 것이다

영혼의 망막에 들어오는
아슴푸레한 아지랑이는
강물이 바다에 이르듯
내 문학으로 통한다.

내가 살아 있음으로

안개를 수채화처럼 풀어 놓고
나는 그 속에 살고 있는
도시 농부다

햇살이 있는 곳에
생명이 있고
봄이 있는 곳에 詩가 있다.

(「시인의 봄」)

상추 몇 잎 넉넉히 포개고
오래된 그리움도 넣고
우리의 맵싸한 투정도 감싸고
마주 앉은 당신의 입에 넣어주나니

하늘이시여
하늘의 왕이시여
주신 것이 많은 이 감사로
고픔 뒤에 활짝 웃는 포만을 보소서.

(「상추를 먹으며」 부분)

섣달그믐날 밤에
큰 별들을 부른다
살아 있을 때 늘 뜨겁던 사람들
박재삼 시인은 흘러간 유행가를 삼절까지 부르고
서정주 시인은 마지막 불꽃놀이에 신명이 나고

황금 송아지를 몰아내야 한다는 구상 시인도
사랑은 아름다운 구름이라던 조병화 시인도
이 한세상에서 십자가를 지고
뜨겁게 살다가 떠났다
생사의 경계를 넘어 천국에서
그들은 아직도 나와 소통하고 있다
섣달그믐날 밤 포도주 향기 맡으며
나는 죽은 시인들의 생명의 서書를 읽는다
죽음이 살아 있는 자의 몫이라고
우리들의 큰 별들이
껄껄껄 웃는다.

(「생명의 書」부분)

  네 살 때 아버지를 여읜 설움, 눈물, 분노를 딛고 일어나 조정애는 시인으로 거듭났고 빛나는 시적 성취를 이뤄냈다. 시인은 아버지가 그리워서 유년시절을 눈물로 세월을 보냈고, 바다로 떠난 아버지가 '일출보다 큰 사랑'으로 떠올랐을 때 그 신비한 의존감정을 통해 시인으로 거듭났고, 자연의 화육(化育)으로 뜨거운 생명력과 마음의 평화를 얻었고, 온갖 시련과 역경 속에서 하나님의 계시와 진리를 터득하고 '하나님의 사랑'을 실천하여 "영적 눈"을 떴다. 우리는 시를 통해 그의 파란만장한 삶을 들여다보았다. 그리고 마침내 시인이 진정한 자유와 행복을 누릴 수 있는 경지에 이른 것을 확인했다.

  시집 『일출보다 큰 사랑』 1부는 초춘호 침몰사고로 인한 비극적인 삶이 그려져 있고 나머지 2, 3, 4, 5부에는 각 시기를 살았던 삶의 주제와 시적인 이미지가 혼재돼 있다. 시적 소재는 일상생활에서 취재

했고, 조정애에게 시는 삶 그 자체였다.

끝으로 5부까지 69편의 시가 수록된 조정애 시집에 대한 글을 쓰게 된, 좀 색다른 이유를 밝혀두고 이 글을 맺고자 한다. "돌고 돌아서 다시 원점으로 돌아온 느낌이었다." 그것은 네 발로 기면서 시작했다가 네 발로 기면서 끝나는 인생과 흡사했다. 시집 말미에 붙인 시를 보고 나는 가만히 탄성을 질렀다.

그리운 아버지

게이요대학 영문과 출신이며
수영선수였던 우리 아버지

임시정부에 참여하러 가는 길에
만주에서 체포되기도 했고
군정 때 6사단사령부 통역책임자로
귀환동포와 육이오 피난민을 위해
헌신하신 아버지

그 당시 고향의 가난한 청년 30명을
부산 부두에서 일을 하도록 하고
집에서 3년을 무료 숙식시키신 아버지
사천향우회와 창녕 조씨 화수회를 창립하고
꿈을 키우시던 아버지

그 두꺼운 영문서적들
징 박힌 아버지 구두소리
나무계단을 빠르게 오르는 발자국소리

늦은 밤 기다리는 오빠와 내 앞에서
똑똑똑
문을 두드리는 소리

"누구십니까"
"제올시다."

와락 껴안고 과자봉투를 건네곤 했던
그 기억이
영원히 내 가슴속에서 살고 있다.

그 기나긴 인생의 여정 끝에 이젠 훌훌 털어버린 줄 알았는데, 그가 마지막으로 읊조리고 있는 詩는 「그리운 아버지」였다. 갈데없는 천생 시인이었다. 얼마나 인간적인가.

/ 해설 /

생명 에너지의 확대를 통한 시적 해탈

이덕화
(평택대 명예교수, 평론가)

 조정애는 마음의 생태학을 실현하는 시인이다. 조정애의 이번 시집 『일출보다 큰 사랑』에서 보이는 것은 도시주의적 욕망에서 벗어나 자연주의적 삶을 되찾고자 하는 마음의 문제를 다루고 있다. 생태적으로 살기로 결심한 사람이 소비주의와 도시주의에 젖어들어 있는 욕망을 극복하지 못하면, 결국 허세나 위선이 되고 말 것이다. 들뢰즈와 함께 철학서를 집필한 『천개의 고원』의 집필자이면서 프랑스 녹색당의 창당 맴버인 가타리에게 자본주의는 무의식과 욕망의 문제다. 우리 마음 내부에 들어 와 있는 욕망을 극복하지 못한다면, 결국 허세나 위선의 삶이 되고 말 것이기 때문이다. 조정애의 『일출보다 큰 사랑』 전편에서 보이는 이런 의식은 자연과 일체화된 삶을 통해서 나타나는 시적 이미지들로 형상화된다. 자연과 일체화된 시적 이미지를 통하여 시인은 무언가 미치는 것으로부터 벗어나 생각과 평화가 있는 마음 세계를 만들자는 의식을 보여주고 있다.

1. 마음 생태학을 가지게 된 동인

시인이 마음의 생태학을 가지게 된 동인은 4살 때 당한 아버지의 느닷없는 죽음이다. 시인에게 큰 마음의 상처를 남긴 초춘호 침몰 사건은 역사에서 없었던 일로 정권이 바뀔 때마다 지금까지 은폐되어 왔다. 배후에는 자본과 야합한 권력이 있었다. 『일출보다 큰 사랑』의 1부는 제목조차 〈초춘호〉로 시작한다. 아예 시인은 한편의 시를 조춘호의 침몰 사건에 할당한다. 시적 화자는 정부가 마땅히 해야 할 잘못된 과거사가 선진국이 된 이 시점까지 은폐되고 있음을 한편으로는 분노와 한편으로는 위로받고 싶은 목소리로 호소하고 있다. 인터넷 네이버에 초춘호를 치면 시인의 블로그에 올려놓은 사건의 진상과 자료가 다 공개되어 있다. 이 사건의 진상을 좀 더 정확히 알리기 위해 시를 인용해 보겠다.

> 초춘호 침몰사고는 1950년 12월 16일 아침 8시 45분
> 부산 여수를 오가는 여객선, 초춘호가
> 무리한 정원과 화물초과로 선체가 기울자
> 송도 앞바다에서 급히 회항을 하려다가
> 창졸간에 일어난 대참사였다
> 그리고 네 살배기 나는 아버지를 잃었다
>
> 초춘호를 출항시킨 부산 수상경찰서도
> 해양사고를 총괄하는 해양경찰청도
> 그런 일 없다고, 우리는 모르는 일이라고 잡아뗐다
> 모든 역사의 기록에서 빼버렸다

(중략)

오랜 세월, 아직도 누구의 눈치를 보고 있는가
대한민국이여 말해다오
이승만 정권의 과거사 은폐로
아직도 수많은 진실이 세상에 밝혀지지 못하고 있다
우리의 삶을 피눈물로 얼룩지게 한 그 억울함과 분노는
오늘도 성난 바다가 되어 출렁이고 있다
「초춘호 여객선 침몰사건」 부분)

  이 사건 당시 시인은 네 살이었고, 아버지는 게이오 대학 영문과를 나온 인재로 미군정 때 미군 사령부 6사단의 통역책임자로 있었던 대한민국의 지성인이었다. 해방 정국에 귀환동포에게 살 집을 마련해주고 전쟁 시 피난민들에게 분골쇄신하는 민족의 헌신적 일군이기도 했다. 이 사건의 배후에는 초춘호 선주인 대동상선의 부산 지사장은 교통부 장관의 아들이었다. 그 당시 이승만 대통령이 가장 신임했던 사람 중 한 명이 교통부 장관이었다. 이 사건은 과도한 선적과 초과한 여객 손님이 원인으로 배 출발 10분 만에 배에 물이 들자 회황하려다 송도 앞바다에서 침몰한 사건이다. 이 사건으로 시인의 아버지를 비롯 백 명 이상이 바다에 수장되었다. 그 이후 그 사건은 일어나지 않은 것으로 은폐되었다.

  창졸간에 아버지를 잃은 시인은 그 당시뿐만 아니라 문재인 대통령 시절 청와대에 청원서까지 냈지만 지금까지도 은폐되고 있는 사실에 분노하고 있다. 시인은 국민의 생명을 초개같이 여기고 진실을 은폐한 이 나라가 진정 선진국인가를 묻고 있다. 이러한 은폐는 한

국민들의 생명보다는 지속적으로 수행되어 온 자본과 권력의 결탁으로 진실의 왜곡으로 인한 것이다. 이 시집 첫 작품으로「초춘호 여객선 침몰사건」은 시적 이미지보다는 시적 화자의 생경한 목소리로 사건의 절박함을 호소하고 있다.

   시적 화자는 아버지가 떠난 이후 그리움이 자리한다.

먼 옛날
나무계단에
발자국 소리 남기고
문득 떠나 버린 당신

(중략)

그리움을 밟고
한걸음 내려서면
설움이 북받쳐 목이 메고
방울방울 눈물이
마지막 계단 아래로 떨어졌다

무엇이 운명을 넘어뜨려
계단 아래로만 가게 했을까

얼룩지고
검게 튼 손에
별 꿈 쥐어준 당신

(「나무계단 1」 부분)

계단을 오르내리는 저벅거리는 소리만을 남기고 문득 떠나간 아버지!! 그리움, 설움, 눈물 등의 시적 이미지로 남은 아버지, 그것만은 아니다. 서러운 운명 속에서 검게 튼 손에 별꿈까지 심어 준 희망의 이미지로도 형상화된다. 비록 시적 화자의 꿈은 조난당했지만, 아버지는 바다가 되어 수천 수만의 몸짓으로 자신을 부르고 있는 바다를 아버지와 일체화하기도 한다.

> 마지막 그 바다에
> 다시 뜰 그 바다에 남겼을
> 일출보다 큰 사랑
>
> 조난당한 내 꿈은
> 아버지의 바다에서 다시 살아나
> 수천수만의 몸짓으로
> 오늘도
> 내 이름 부르고 있다.
> (「나무계단 2 - 일출보다 큰 사랑」, 부분)

바다의 수천 수만의 몸짓이 시적 화자를 부르는 몸짓으로 환유되는, 아버지의 사랑은 일출보다 더 큰 사랑으로 시적 이미지화 된다. 그 넓은 바다에서도 채워지지 않는 그리움은 스스로 증발되어 소금으로 환치된다. 바다를 떠나서야 새로운 꿈을 꿀 수 있다. 바다는 시적 화자에게 그리움뿐만 아니라, 설움, 분노, 배고픔, 가난 모든 것을 떠올린다. 그리움을 증발시킨 채 시적 화자는 이제 새로운 꿈을 꾸기 위해 바다를 떠나 마침내 꿈을 시작한다.

바다보다 넓은
바다를 유영하면서
스스로 증발한
그리움의 결정체여

외딴 오두막
저녁 창에 숨어 있던 여인이
흠뻑 노을에 절이고 나면
소금은 마침내
꿈을 꾸기 시작한다.

「나무계단 8」 부분)

 아버지 죽음으로 인한 그에 대한 그리움은 나무계단, 바다의 다양한 몸짓, 소금으로 환치되어 시적 이미지로 나타난다. 실제 그리움은 시적 화자에게 감각된 체험으로, 환상으로, 소금의 결정체라는 실체로 다가오기도 한다. 소금은 우리에게 현실적 실체이다. 현실적 실체를 통해 시적 화자는 새로운 실체로 나아가는 현실적 꿈을 꾸게 된다.
 1부의 시적 배치 역시 첫 작품은 초춘호의 역사적 사건 제시를 통하여 창졸간에 당한 아버지의 죽음을 객관적인 사실을 근거로 사실성을 높이는 시적 효과를 주는 시를 배치했다. 다음으로 시적 화자의 어린 기억 속의 아버지의 발자국 소리를 따라 시적 이미지화한 「나무계단」 시리즈를 8편 배치했다. 그 이후 아버지는 나무계단을 떠나 바다의 모든 몸짓이 아버지로 환치되는 시적 이미지로 형상화했다. 그리움으로만 살 수 없는 현실 속에서 그리움의 결정체 소금으로 환유된다. 다양한 물체와 섞인 시적 화자와 환치된 소금은 새로운 현실에서 꿈을 행해 걷겠다는 각오로 끝난다.

2. 마음의 생태학

조정애 시인은 창세기 시절부터 '이 지구는 인간과 동물과 자연이 완전히 공존했다'(「초록별 지구」)는 인식으로부터 마음의 생태학이 시작된다. 기실 동물과 자연이 인간을 위해 존재한다는 인간 중심주의에 의한 욕망이 자연을 파괴했고 자본주의에 헌신함으로써 생태계의 피괴가 급속하게 일어났다. 자본주의적 욕망으로부터 벗어나 소박하고 자연 그대로의 삶으로 돌아가는 것이 마음의 생태학을 실현하는 길이다.

> 어언간 21세기
> 인간의 끝없는 욕망은
> 자연환경을 파괴했고
> 자본주의의 폭주와
> 산업의 과잉발전으로
> 지구자원을 낭비 고갈하여
> 급기야 기상이변을 불러오고
> 생태계를 파괴하기에 이르렀다.
> 　　　　　　　　　　　　　(「초록색 지구별」 부분)

시적 화자가 부르짖는 인간의 끝없는 욕망, 자본주의 폭주, 산업의 과잉 발전, 기상이변, 생태계의 파괴, 이 모든 것은 마음을 흔들고, 어지럽게 만드는 미처 돌아가는 자본주의 사회 시스템 때문이다. 인간의 생명성이나 자연의 생태계가 가지고 있는 생명성이 유기적으로 연결, 네트워크를 이룰 때 생태계는 제자리를 찾을 것이다. 시적 화자는 이럴 때 '자손들에게 물려줄/ 인간과 자연이 공존하는/ 초록색 지구별, 영원한 낙원을 이룩하고야 말 것이다.'고 새로운 희망을 품는다.

조정애 시인에게 잠재 되어 있는 생명에너지는 자연을 접촉할 때마다 창조적 샘으로 끓어오른다.

> 이윽고 흙은 보이지 않으나
> 흙은 살아 있고
> 땀과 고통은 보이지 않으나
> 영혼이 살아 숨쉬는
> 생명을 빚는다
>
> (「도자기」 부분)

> 너와 나 사이
> 서른아홉 빗금을 그어놓고
> 돌고 도는 허공의 노래여
> 아, 그러나
> 이슬로 피어나는
> 그대 찬연한 새벽꿈이
> 가느다란 내 시의 길에
> 눈부시게 걸렸구나.
>
> (「외줄타기」 부분)

슈만의 피아노에
　　어린이 정경이 <u>흐르고</u>
　　꿈을 꾸라고 다시 꿈을 꾸라고
　　건반을 두드리며 속삭인다
　　　　　　　　　　　　　　(「사랑, 아카시아로 오는」, 부분)

　흙으로 살아 숨쉬는 생명으로 되살아나기도 하고, 이슬로 피어나 찬연한 새벽꿈으로 시의 길을 터주기도 한다. 또 음악을 들으면서 꿈에 잠기기도 한다. 이런 것은 시적 화자의 마음 속에 잠재하고 신체에 담겨있는 생명 에너지가 자연과 또 다른 물체를 만나면서 드러나는 것이다. 생명 에너지의 욕망이 마음을 자유자재로 움직이며 고정관념에 사로잡히지 않고 활성화된다. 가타리는 우리 안의 열정과 열망이 활성화된 상태에서 강렬함이 지속되는 상태를 평화라고 했다.

3. 생명 에너지의 확대를 통한 시적 해탈

　조정애 시인은 자연을 접촉할 때마다 에너지가 활성화되고 새로운 꿈을 꾸고 그 꿈은 확대되어 나간다. 시적 화자는 자신의 뜨거운 생명으로 흐르는 자신의 시계가 농부의 꿈을 꾸었던 할아버지의 새벽별 시계와 연상작용을 한다. 이런 시적 화자의 의식의 확대는 자연과 인간과의 어울림으로 새로운 문을 연다.
　초춘호 사건 이후 받은 상처를 자연으로 치유 받은 생명 에너지를 다시 인간과의 삶에 새로운 조화 속에서 확대 발전한다. 자연에서의 열정은 어릴 적의 따뜻한 기억과 함께 온다. 자연과 인간의 유기적인

연관관계를 긍정하는 것은 시적 화자가 '하늘에 속해있는 사랑'으로 지칭하는 영성을 사고하기 위한 출발점이다. 이러한 유기적인 관계를 통하여 한 사람의 의식 변화가 인간의 삶뿐만 아니라 생태계 전반에 영향을 미칠 수 있는 것이다. 한 사람의 의식 혁명은 고정 관념에 사로잡혀 있는 사람들을 부드럽게 변화시키기 위해서 생태계의 위기를 공포와 두려움으로 대하는 것이 아니라 즐거운 행동과 발칙한 상상으로 도처에서 일어나고 있는 현재 지금 여기를 창출하는 시적인 혁명인 것이다.

　　알고 보면
　　나도 하늘 아버지의 시계다
　　뜨거운 생명으로 흐르고 있다
　　오늘 문득 외할아버지의
　　가장 큰 새벽별 시계가 보고싶다.
　　　　　　　　　　　　　　　　　(「새벽별 시계」 부분)

　　개울물이 흐르는 텃밭 아래서
　　어릴 적 외할머니 향기를 맡는다
　　이웃 남새밭 가는 길에
　　함박웃음처럼
　　천지에 호박꽃이 피었다.
　　배고픈 아기처럼
　　꿀을 찾는 벌들아
　　"어서 오너라, 여기 넉넉한 네 식탁도 차렸다"
　　숲길 아래 버드나무 그늘도 좋다.
　　　　　　　　　　　　　　　　　(「호박꽃길」 부분)

앞의 시들과는 시적 모드가 전혀 다르다. 밝고 경쾌하다. 과거와 현재가 교섭하고, 미래와도 소통한다. '어서 오너라, 여기 넉넉한 네 식탁도 차렸다' 타자를 전적으로 받아들이는 넉넉한 '하늘에 속한 사랑'을 설렘으로 실천한다. 설렘과 기대감을 가지고, 한 생명체를 만나는 것이 그저 단순한 만남이 아니고 새로운 생성과 창조의 과정으로 느껴진다. 이런 시적 생성의 과정은 시적 해탈로 이어진다.

내 시야에 들어오는
모든 것은 내 것이다

네 시야에 보이지 않는 것도
내 것이다

영혼의 망막에 들어오는
아슴푸레한 아지랑이는
강물이 바다에 이르듯
내 문학으로 통한다.

내가 살아 있음으로
안개를 수채화처럼 풀어 놓고
나는 그 속에 살고 있는
도시 농부다

햇살이 있는 곳에
생명이 있고

봄이 있는 곳에 詩가 있다.
　　　　　　　　　　　　　　　　　　(「시인의 봄」 전편)

　시집 전체를 요약하면 조정애 시인이 자신의 의식을 시적으로 형상화할 때는 시적 화자의 생경한 목소리 서술 형태로 드러나가도 한다. 일상 속에 만나는 모든 사물은 시적 이미지가 되어 생명을 얻기도 한다. 4부의 대부분 시편의 시적 이미지가 사물을 통해서가 아니라 시적 화자의 몸 전체가 한편의 시가 되어 춤을 추는 듯하다.

　　상추 몇 잎 넉넉히 포개고
　　오래된 그리움도 넣고
　　우리의 맵싸한 투정도 감싸고
　　마주 앉은 당신의 입에 넣어주나니

　　하늘이시여
　　하늘의 왕이시여
　　주신 것이 많은 이 감사로
　　고픔 뒤에 활짝 웃는 포만을 보소서.
　　　　　　　　　　　　　　　　　　(「상추를 먹으며」 부분)

　　넉넉하구나 작은 배냇저고리 은행나무야
　　저 연두빛 눈시린 작은 희망들아
　　세검정 물소리 지고피고 피고지고
　　이팝나무 라일락 향기 번져오는
　　계곡 마을 하늘이여

쉼없이 기도하던 사람들도
사물놀이패 되어 꽃놀이 하는구나
춤가락이 흐른다 꽃바람이 분다
대원군 안평대군 연산군이여
윤동주 현진건 박종화 이광수여

꽃구름 피어오르다 떠나는 산마을에
아, 다시 꽃잎 날리는 천국 길에
연분홍 꽃잎 같은 내 어머니여
그리움이여 시의 고향이여
어찌 이리도 봄꽃 마중은 늘 내게 눈물겨운가

「꽃 구경 날에」 부분)

  아버지의 느닷없는 죽음 이후의 울분과 설움은 이제 조정애 시인의 시를 통해 새로운 에너지를 얻고 시적 해탈의 경지에 이른다. 이것은 자연과의 소통을 통해 마음의 생태학을 실천, 우주의 신비인 하늘에 속한 사랑을 자신 속에서 끌어낸 것이다. 스피노자는 신의 속성이 인간 속에 있기 때문에 인간과 신을 동일 선상에서 보고자 했다. '하늘에 속한 사랑'을 자신의 몸 속에서 끌어 낸 후반부 조정애 시가 춤을 추듯 흥거운 것은 자신 속에 사랑을 통해 열정이 솟아나기 때문이다. 시 속에서 희망과 열정에 들떴던 때는 '대원군 안평대군 연산군, 윤동주 현진건 박종화 이광수' 혹은 대문 닫혀 보이지 않던/ 평창동 골짜기 마을사람들 다 모였다/ 허리 아픈 늙은이도 어린이나 젊은이도/ 발 디딜 틈 없이 꽃구경이구나/ 다 어우려, 시 속에서 형상화된 대로 소외된 타자없이 하나가 될 때이다. 조정애 시인안의 열정이 활성화될 때는 소외된 타자없이 모두 더불어 살 때 내부의 생명 에너지가 활성화 됨을 보여준다. 바로 이것이 진정 평화가 아니겠는가.

『일출보다 큰 사랑』에는 5부까지 69편의 시를 실은 시집으로 1부에서는 시인의 존재의 근원이 될 수 있는 사고로 잃게 된 아버지의 죽음의 동인이 된 초춘호로 인한 다양한 정서를 시적 이미지로 그려내고 있다. 2, 3, 4부에서는 생태학적인 시적인 이미지와 생명 에너지의 확대로서의 영성 이미지가 섞여 있다. 대체로 시적 소재는 일상 생활의 모든 것에서 창출된다. 조정애 시인에게는 시 자체가 바로 자연이며 삶이다. 5부는 다양한 시적 소재가 섞여있다. 이 글에서는 주로 생태학적인 이미지를 주로 선별해서 주제를 따라 서술한 글이다.

후반부의 시적 이미지의 확대는 조난당한 내 꿈은/ 아버지의 바다에서 다시 살아나/ 수천수만의 몸짓으로/ 오늘도/ 내 이름 부르고 있다 시구절처럼 아버지의 이미지로 환치된 바다의 수천 수만의 몸짓이 시인의 신체를 이루어 소외된 타자를 비롯한 생명체 전체를 끌어안는 '하늘에 속한 사랑', 열정으로 피어오른다. 즉 '하늘에 속한 사랑'이 마음 속에 잠재하고 신체에 담겨있는 생명 에너지로 활성화된다. 그것이 마음을 자유자재로 움직이며 고정관념에 사로잡히지 않는 상태에서 모든 소외된 타자를 끌어안는 상태에 이르게 된다. 인간은 그리고 시인은 희망과 열정에 들떴을 때 가장 행복하고 자유롭다.